Lm 138 (Iac nocem Rouden)

AMOURS SECRÈTES

DES

BOURBONS.

IMPRIMERIE DE CHAIGNIEAU FILS AÎNÉ,

RUE DE LA MONNAIE, N. 11.

Tome 1.er

AMOURS SECRÈTES

DES

BOURBONS,

DEPUIS

LE MARIAGE DE MARIE-ANTOINETTE

JUSQU'A LA CHUTE DE CHARLES X,

PAR LA COMTESSE DU C***.

PARIS,

LEFEBVRE ET Cie.

RUE DES GRANDS-AUGUSTINS, N° 21.

1830.

Nous ne sommes pas de ceux qui disent : *On ne doit que la vérité aux morts ; mais on doit des égards aux vivans* ; nous pensons, au contraire que l'on doit la vérité à tous, et chacun, mort ou vivant, doit être jugé selon ses œuvres. La vérité, nous avons pris la résolution de la dire, quelle qu'elle soit, et sans précautions oratoires ; nous l'avons trouvée nue, nous rougirions de la déguiser sous des habits de clinquant.

Il est temps d'en finir avec ces pleurnicheurs de légitimité qui , chaque jour déplorant les malheurs d'augustes personnages, nous parlent de hautes infortunes, et nous présentent leurs idoles comme les victimes d'événemens qu'il était impossible de prévoir ni de prévenir. Nous montrons cette famille déchue telle qu'elle est, telle qu'elle fut; nous mettons au grand jour ces *augustes turpitudes*, et s'il en résulte quelque scandale, la faute en sera à ceux qui ont ainsi vécu bien plus qu'à ceux qui racontent les honteux déportemens qui forment l'histoire de leur vie. Nous voulons, une fois pour toutes, arracher à ces tartufes royaux le voile sous lequel ils se sont trop long-temps cachés ; nous dirons les hauts faits de ces princes si pieux, et nous divulguerons sans pitié les secrets d'oratoire qui nous ont été révélés.

Eh! que parle-t-on d'augustes infortunés? Le prince, que la

France repousse, n'a-t-il pas fait massacrer son peuple après avoir essayé de le corrompre ? Pour prix des biens dont nous l'accablions, il voulait nous attacher à la glèbe et nous traiter en esclaves.... Maintenant que ce pauvre tyran est tombé, lui demande-t-on compte du sang qu'il a versé ? Non, on le chasse, mais en le gorgeant d'or.... il aura toujours une cour, des flatteurs et des prêtres, et c'est la

France qui paiera ; la France dont il a égorgé les fils et les femmes...

Ah ! du moins, qu'une vengeance morale nous soit permise !... Attachons sans pitié au carcan de l'opinion publique une famille odieuse.

Notre publication aura d'ailleurs cela d'utile, que le tableau des déportemens de l'oppresseur sous qui elle a gémi, rendra plus cher à la France l'espoir qu'elle fonde sur le monarque à qui elle confie ses destinées.

Un roi, homme d'honneur, homme de mœurs, lui donnera cette félicité que n'ont pu lui assurer les tardifs remords d'un débauché converti.

Comtesse du C...

AMOURS SECRÈTES
DES
BOURBONS.

CHAPITRE PREMIER.

Coup d'œil sur la Cour. — Mariage du Dauphin (depuis Louis XVI). — Puissance de la comtesse Dubarry. — Ministres, Princes, Princesses. — Premières Amours de Marie-Antoinette. — Singuliers Conseils d'une mère.

Louis XV, libertin décrépit et blasé, cherchait, au sein de la débauche, à réveiller ses sens engourdis. La cour de Versailles se livrait à son tour au libertinage le plus effréné. Elle n'était plus depuis longtemps qu'un foyer d'intrigue et de corruption. Une favorite souillait le trône des Bourbons ; des bras des laquais, elle était passée dans ceux du comte Dubarry ; de là dans ceux du roi. A force d'infamie, elle était parvenue à asservir Louis, humble esclave de ses volontés les plus extravagantes.

Devenue souveraine, *Cotillon II*, comme l'appelait si plaisamment le grand Frédéric, elle commença à cabaler contre le duc de Choiseul, premier ministre, qui avait eu le tort irrémissible de témoigner publiquement le mépris que lui inspirait la favorite. Le parti de la Dubarry était puissant ; le duc avait des ennemis ; il s'était montré partisan des réformes, il craignit une chute prochaine, et, pour s'appuyer d'une protection imposante, il projeta le mariage du Dauphin avec l'archiduchesse d'Autriche, Marie-Antoinette. Le mariage se fit, mais la faveur de la Dubarry continua de croître chaque jour : le duc succomba.

La puissance de la Dubarry, dès-lors, se trouvait affermie ; elle eut bientôt une cour. La duchesse de Valentinois, la maréchale de Mirepoix, la princesse de Tingry, vingt autres qui ne couraient plus le risque de s'avilir, devinrent les compagnes de la favorite; elles se chargèrent de la décrasser, de lui faire perdre surtout ce ton grivois qui la faisait briller dans les joyeuses orgies de la jeunesse d'alors. Le comte de Bissy, depuis long-temps complaisant libertin du maréchal Richelieu, avait obtenu, pour prix de ses services, la main de la Bontemps. Il fut choisi pour servir de chaperon à la Dubarry, admise au lit de son maître. Louis se montra reconnaissant : les dettes de Bissy furent payées. Il ne fit pas banqueroute, gagna un million, et la ville de Paris fut forcée de le prendre pour son trésorier. Cet emploi lui convenait bien moins que celui d'appareilleur.

Le conseil était composé de ministres presque tous tarés : Maupeou était chancelier; le duc de la Vrillère tenait le département de la maison du roi; le duc d'Aiguillon, celui de la guerre; de Boyne avait la marine; l'abbé Terray, les finances. Ces personnages remplissaient l'Europe du bruit de leurs intrigues, de leurs friponneries, de leur incapacité surtout.

Les princes du sang, seule société que pût avoir la dauphine, n'étaient pas plus faits que le reste de la cour pour lui donner des leçons d'honnêteté. Les uns s'avilissaient dans la plus crapuleuse débauche ; les autres faisaient servilement la cour à la méprisable idole du maître.

Les princesses, les femmes de la cour, étaient, disent les mémoires du temps, toutes ca....., ou tr....., ou joueuses.

Certes, Marie-Antoinette n'avait pas apporté à la cour de France le goût le plus prononcé pour le libertinage; mais à son âge, entourée de telles gens, de cette cour la plus mauvaise compagnie de l'Europe, elle dut préférer la vie séduisante qu'elle pouvait mener au sein des plaisirs, à l'existence monotone et triste que son auguste et nul mari pouvait lui procurer. Était-il possible qu'une jeune princesse, vive, ardente, vécût isolée, pâtissante près d'un mari sans passions et sans goût, l'abandonnant à elle-même ou à des femmes sans mœurs; par toutes sortes de motifs il eût pu s'emparer de son cœur, peut-être encore innocent, mais ayant de grandes dispositions à cesser de l'être.

La dauphine à son arrivée à la cour plut généralement : elle était belle, fine, enjouée, instruite; elle fut de prime abord l'idole de la cour, l'amour de la nation.

Son début était heureux. Mais, déjà elle se berçait de l'idée d'une vie plus libre, il fallait carrière à ses goûts.

L'étiquette de la cour de France ne pouvait lui convenir; la gêne continuelle, l'obsession de tous les instans où se trouvaient les jeunes princesses esclaves du cérémonial, éloignaient presque toujours les prétendans et déconcertaient les projets les mieux conçus.

Sans cesse observée par son entourage, une jeune princesse se trouvait réduite à son mari, et quand le mari ne pouvait rien, cas où se trouvait le dauphin, il ne restait guère qu'un aumônier ou un confesseur qui pût y suppléer. Antoinette n'était pas femme à se contenter des biens de l'église.

Les prétextes ne pouvaient manquer à la dauphine pour relâcher les liens où on espérait la retenir. Elle s'appliqua d'abord à mettre le roi dans ses intérêts ; déclarant que la société de son grand papa lui plaisant, qu'elle voulait entrer seule et à toute heure dans sa chambre. Le vieux Louis XV n'avait garde de s'opposer à un tel vouloir : la pensée de faire l'éducation de sa petite-fille ranimait dans ses sens glacés quelques étincelles... mais en amour, hélas ! la puissance du roi était inférieure à celle du dauphin, presque nulle aussi; et bien qu'Antoinette ne manquât pas de bonne volonté, elle n'avait pas assez vécu et ne pouvait balancer l'immense expérience de la Dubarry.

Le goût de Louis pour sa petite-fille ne pouvait être que passager; bientôt un refroidissement éclata, dont les moins clairvoyans s'aperçurent. Il fallait se venger; Antoinette se permit sur le roi quelques plaisanteries amères; le roi ne pouvait les ignorer; l'amour qu'il avait ressenti pour sa petite-fille, se changea en haine. Ce changement devint le signal de cruelle dissentions domestiques. Bientôt le caractère du dauphin s'aigrit.

La femme du comte de Provence (depuis Louis XVIII), ne se consolait pas de n'avoir pas été appelée à la place la plus proche de la couronne. Cette princesse vive, ardente, était agitée de toutes les passions, obéissait à tous les goûts. Le roi lui fit un jour quelques représentations sur sa prodigalité. Elle s'écria, en rentrant dans son apparsement : « Que le roi jure, que le comte de Provence boude, que le ministre refuse ; qu'il y ait ou qu'il n'y ait pas de révolution, je m'en.... moque ! Je veux jouir de la vie ; j'en jouirai ! »

Le comte d'Artois (depuis Charles X), n'était pas mieux partagé : sa femme, dénuée d'esprit, aimait le plaisir. Elle passait la plus grande partie de son temps à se faire dire l'histoire scandaleuse de Paris et de Versailles, et son imagination tendue vers un seul objet, se rafraîchissait aux récits voluptueux de ses femmes. Une d'entr'elles racontait un jour les scandaleuses aventures d'une actrice célèbre; elle s'embarrassait dans son récit : « Il est bien difficile de tout gazer, dit-elle. — Ne gazez pas, répondit la princesse; les mots, pour moi, équivalent à la chose. »

Ces trois femmes, comme on le

voit, étaient plus faites pour recevoir les impulsions, que pour en donner aucune. Les trois princes, leurs époux, n'avaient pas plus de force que de valeur. Les goûts et les plaisirs de l'aîné annonçaient combien était étroit le cercle de son génie; c'était un homme nul et de toute nullité, tant au physique qu'au moral. La conformation du comte de Provence était à peu près la même, et son génie ne promettait pas de grandes choses; il était vain, dur, avare; il parlait de tout et faisait parade de quelques connaissances superficielles. Il passait souvent une partie du jour renfermé dans son cabinet, pour avoir l'air de se livrer à l'étude. Malgré son impuissance bien reconnue, ce prince, avant d'être marié, faisait tous ses efforts pour paraître aimable auprès des femmes; mais son genre d'esprit ne lui permettait de faire que de plats bons mots, et de raconter des aventures graveleuses. Il avait alors pour maîtresse une madame de Terrage, femme d'un premier commis du contrôle-général; et chacun se demandait ce qu'il ou ce qu'elle en faisait.

Quant au comte d'Artois, voici le portrait qu'en fit, à cette époque, un homme de beaucoup d'esprit, auquel sa position permettait de voir de près tout ce qui composait la cour. « Ce prince serait d'une assez jolie figure, s'il n'avait pas toujours la bouche ouverte, ce qui lui donne un air sot qu'il justifie chaque fois qu'il prend la parole. Il est bien fait, et a assez bonne grâce ; mais il est brusque, dur, ladre ; il n'ouvre la bouche devant les femmes que pour leur dire des ordures et les faire rougir, et devant les hommes, que pour leur lâcher des platitudes ou des grossièretés. »

Ce portrait n'était pas flatté, on a pu reconnaître, depuis 1814, s'il était vrai.

Ce fut pourtant à ce comte d'Artois que la dauphine eut d'abord l'air de vouloir s'attacher. Déjà depuis long-temps elle se lassait des inutiles caresses de son époux ; et, par ennui autant que par goût, elle cherchait de trompeuses distractions au milieu des dames de la cour. Elle voulait d'ailleurs devenir grosse ; c'était même le point essentiel des instructions qui lui avaient été données en partant de Vienne, par la savante impératrice sa mère. Après avoir permis à son mari d'épuiser toutes ses ressources, et ces ressources devenant chaque jour plus faibles et plus vaines, il fut décidé qu'elle aurait recours à un amant.

Le choix n'était pas facile ; elle voulait un joli homme, un homme aimable, un amant enfin qui pût être avoué, et qui eût assez de puissance pour que cette aventure, si elle devenait publique, ne pût la perdre.

N'osant délibérer seule sur un objet de cette importance, Antoinette envoya un courrier secret et sûr à Vienne, ne pouvant se fier au général Merci, qui ne lui inspirait que peu de confiance, et avec lequel elle ne pouvait être long-temps en conférence. Voici la réponse qu'apporta le courrier :

« Puisque vous avez du goût pour

votre sexe, ma chère fille, il faut vous satisfaire, mais y mettre de la constance, de la modération et de la retenue : la première de ces vertus conserve la réputation, et les autres la santé ; car rien ne fatigue et d'aussi bonne heure qu'un tel goût. Votre mari, dites-vous, ne peut et ne pourra jamais vous faire d'enfans ; ce mal est grand, sans doute : une reine stérile est sans considération comme sans appui ; mais ce mal n'est pas sans remède. Il faut donc faire comme moi, prendre un faiseur. Choisissez-le comme j'avais choisi le prince Charles, grand, beau, jeune, et surtout vigoureux. Prenez-le dans les hommes de la cour les plus proches de vous : cet événement ne pourrait, quoi qu'il en arrivât, les compromettre. Ce sera un appui de plus pour vous, et, en cela, vous serez plus heureuse que je ne l'ai été. Tout l'univers a connu ma galanterie ; on peut ignorer la vôtre : mais, je vous le répète, ménagez-vous. »

Le conseil fut suivi ; et, à la discrétion et la constance près, tout alla comme l'impératrice l'avait ordonné. La duchesse de Péquigni fut la première honorée de la confiance et de l'intimité de Marie-Antoinette. Elle amusa long-temps par ses bons mots, son esprit, et surtout par ses continuelles plaisanteries sur le compte de la Dubarry, qui était la bête noire de toute la famille. Mais cet esprit caustique et son goût pour le sarcasme finirent par la faire craindre, et lui valurent des ennemis qui, pour la perdre, se servirent des mêmes armes qui lui avaient mérité la faveur. Elle fut disgraciée.

Le duc de la Vauguyon, ennemi du duc de Choiseul, contre lequel il cabalait, profita de cet événement pour chercher à appuyer son parti chancelant. Il imagina que, s'il pouvait placer la duchesse de Saint-Maigrin, sa bru, dans l'intimité de la dauphine, elle servirait ses vues contre son ennemi, et obtiendrait la place de dame d'atours. Cette duchesse, une des plus belles et des plus aimables femmes de la cour, parvint aisément à occuper la place de favorite; elle plut beaucoup, mais son règne ne fut pas long. Elle voulait ménager la Dubarry, elle fût répudiée.

La duchesse de Cossé succéda à madame de Saint-Maigrin; mais sa faveur ne dura guère plus : la même année vit commencer et finir cette intimité.

Telle était à peu près la situation de la cour, lorsque Louis XV mourut. Ce fut quelque temps après que

Marie-Antoinette parut vouloir s'attacher le comte d'Artois, dont les propos et la tournure cavalière lui plaisaient infiniment. Ce prince ne fut pourtant pas le premier amant de sa belle-sœur, et force nous est, avant de parler plus longuement de lui, de dire un mot de ceux qui l'avaient précédé.

CHAPITRE II.

Le Beau Dilon. — Le Bal et les Palpitations. — Premières Amours du Comte d'Artois (Charles X). — L'Éducation d'un Prince du sang. — Le Souper interrompu. — Bravoure du Comte d'Artois. — Le Commissaire et le petit fils d'Henri IV. — Mariage du Comte d'Artois. — Naissance du Duc d'Angoulême. — Nouvelles Débauches.

Au milieu des plaisirs et des fêtes qui se succédaient à la cour, Marie-Antoinette ne perdait de vue son projet favori : elle voulait être tout-à-fait reine ; déja ses intimtés féminines ne lui suffisaient plus ; elle désirait chaque jour plus ardemment de donner un héritier à la couronne de France ; elle se rappelait ces paroles de sa mère : *Une reine stérile est sans considération comme sans appui* ; et ne voulant manquer ni d'appui ni de considération ; elle résolut de choisir un amant sans plus tarder.

A cette époque, le comte de Dilon, surnommé *le Beau Dilon*, revint à la cour où il avait été page. Son élégance, son esprit y firent sensation. La reine ne fut pas la dernière à le distinguer : elle lui fit l'accueil le plus encourageant; et en homme habile, Dilon s'appliqua à lui plaire. Il était difficile qu'ils ne s'entendissent pas bientôt. En quelques jours, les œillades et les soupirs en avaient beaucoup dit; mais, bien que les choses fussent très-avancées, les préliminaires pouvaient durer long-temps. Dilon, malgré l'expérience qu'il avait acquise, ne pouvait imaginer que la conquête d'une reine se fît lestement comme celle d'une danseuse; il montrait une réserve et une prudence qui faisaient mourir d'impatience la vive Antoinette.

« Je n'y saurais tenir, dit-elle un jour à la marquise de Mailly qui était sa confidente : ce Dilon serait-il de glace ?

— Ah ! madame, le pauvre comte se meurt d'amour !

— Eh bien ! faites lui donc comprendre que je veux qu'il vive. »

La marquise obéit, et les paroles de la reine furent bientôt rapportées au comte. On s'entendit aisément, et les mesures furent si bien prises, que le soir même Dilon prouvait à la reine qu'il valait plus qu'un roi.

Tout alla d'abord le mieux du

monde. La séduisante reine parvint à attirer sur son amant les faveurs de son mari. Le Beau Dilon avait à peine le temps de désirer quelque faveur. Quand on jouait, le roi était le caissier de Dilon, et lui donnait l'argent dont il avait besoin pour faire la partie de la reine. Dilon perdait toujours, et le roi n'en témoignait aucune surprise, bien qu'il ne fût rien moins que généreux. Une indiscrétion de la reine vint tout-à-coup détruire cette exemplaire harmonie.

La reine donnait bal au château; pendant presque toute la nuit, elle avait dansé avec Dilon. La danse, la musique, les glaces, la vue de l'objet aimé, allumèrent dans les sens d'Antoinette les désirs les plus violens : ses yeux dévoraient son amant. Dans un moment où elle crut n'être pas remarquée, elle prit la main du comte, que celui-ci lui présentait pour figurer, et la plaça sur son cœur. Dilon répondit par un soupir à ce témoignage de tendresse. Malheureusement le roi, qui venait d'entrer, se trouvait précisément derrière l'amoureux couple.

« Vous sentez-vous mal, madame? dit Louis, en fronçant le sourcil. »

La reine, effrayée, jeta un cri;

mais, se remettant promptement :

« Oh ! très-mal, répondit-elle ; une palpitation de cœur effroyable... M. le comte en est épouvanté. »

Le bon mari voulut s'assurer lui-même de la gravité du mal, et, jetant brusquement son gant, il porta la main sur le sein de sa tendre épouse; puis, après quelques instans, il dit : « Je ne sens rien, madame, absolument rien ; mais je crois pourtant nécessaire que vous vous retiriez sur-le-champ. »

La reine essaya de balbutier une excuse, mais Louis insista ; il fallut obéir. Le lendemain, Dilon reçut l'ordre de rejoindre son régiment.

Antoinette se consola aisément ; Coigny, Vaudreuil et quelques autres personnages apaisèrent successivement l'ardeur qui la dévorait; bientôt enfin elle leur donna pour successeur le comte d'Artois.

La première maîtresse qu'avait eue ce prince, était une nommée Flore qui trafiquait de ses appas, chez la Gourdan, rue des Deux-Portes-Saint-Sauveur. Cette fille, qui se trouvait fort honorée de faire l'éducation d'un prince du sang, lui témoignait la plus vive tendresse.

Elle contracta même des dettes considérables pour meubler, dans un beau quartier, un appartement digne de le recevoir. En quittant la Gourdan, Flore ne mit point son amant à contribution, espérant ainsi se l'attacher davantage et piquer sa générosité; mais elle ne tarda pas à s'apercevoir qu'elle avait affaire à un homme aussi avare dans ses dons que crapuleux dans ses plaisirs, et elle rompit ouvertement avec lui en le laissant couvert de honte.

Charles, furieux d'être traité sans ménagement par une fille de cette espèce, résolut de se venger. Après avoir été long-temps indécis sur la manière dont il devait s'y prendre pour témoigner noblement son ressentiment, il ne trouva rien de mieux que de faire jeter par les fenêtres la pauvre enfant, qui avait eu la sottise de se ruiner pour lui. Ce projet, qu'il communiqua aux mauvais sujets qui formaient sa société ordinaire, fut trouvé charmant, et digne en tout d'un prince du sang.

Au jour et à l'heure convenus, ils se présentent donc tous chez Flore. La pauvre fille était alors au milieu d'un essaim d'adorateurs auxquels elle donnait à souper. On lui annonce le prince; elle va au-devant de lui, dans une pièce voisine et lui demande gaîment ce qui l'amène, ainsi que les personnes qui l'accompagnent.

« Ma mie, s'écrie Charles, nous venons donner, en votre personne, une leçon à toutes les catins de Paris, et leur apprendre à faire une différence entre un prince du sang et le premier venu.

— Eh ! monseigneur, est-ce la faute de ces pauvres filles, si le premier venu vaut mieux pour elles qu'un prince du sang !

— Vous l'entendez, messieurs,

la coquine ose, devant vous, insulter un descendant d'Henri IV ! »

A peine a-t-il achevé ces mots, que tous se précipitent sur Flore, et l'accablent de coups. L'un d'eux la prend à bras-le-corps; un autre ouvre la fenêtre. La malheureuse pousse des cris affreux. Les jeunes gens qui soupaient chez elle, accourent l'épée à la main. Les compagnons de Charles, effrayés, lâchent leur proie; ils disent qu'il y a erreur, et ils offrent de se retirer après avoir payé le dégât qu'ils ont fait; mais les jeunes gens, furieux, ne veulent rien entendre. Coups d'épées, coups de cannes, coups de poings, pleuvent sur les ennemis de Flore; deux restent sur la place, les autres parviennent à se sauver.

A la vue des épées nues, Charles s'était bravement réfugié dans une armoire; il ne tarda pas à être découvert.

« Messieurs, s'écrie-t-il piteusement, je suis Charles-Philippe de France, comte d'Artois et frère du dauphin...

— Que tu sois dieu ou diable, répondit un jeune homme, tu ne nous échapperas pas..... Allons, pas tant de façons; choisis parmi nous celui contre qui tu veux te battre.

— Messieurs, ignorez-vous qu'un sang royal.....

— Ah ! lâche, tu ne veux pas te battre ! Eh bien ! à genoux....

— Messieurs, considérez qu'un petit-fils d'Henri IV, le descendant de Saint-Louis.....

— Oui, oui, nous voyons parfaitement que le rejeton de dix rois peut fort bien n'être qu'un misérable...... Chapeau bas, et à genoux.

— Pour l'amour de Dieu !.....

— Trêve de discours, ou je te passe mon épée au travers du corps. »

Il fallait opter ; se battre ou demander pardon. Le comte d'Artois prit bravement son parti : A genoux, la tête nue et les yeux baignés de larmes, il demande pardon dans les termes les plus humilians.

Cependant, cette scène bruyante avait attiré autour de la maison de Flore une foule de citoyens de toutes classes, qui criaient à la garde ! au meurtre ! et qui brisaient les portes en appelant du secours. Le commissaire du quartier, averti de ce qui se passe, accourt à la tête d'une escorte du guet ; mais, en arrivant, il ne trouve que le comte d'Artois et ceux de ses compagnons qui avaient été blessés; Flore et les siens avaient eu le temps de prendre la fuite par un escalier dérobé.

« Monsieur, dit Charles, je vous déclare que je suis le comte d'Artois....,.

— A d'autres, l'ami !...... Ces moyens-là sont usés; nous ne donnons pas dans le panneau.

— Je vous dis que je suis le frère du dauphin.

— Ouais !...... Je te reconnais, mon garçon, ce n'est pas la première fois que tu passes par mes mains; mais je crois que ce sera la dernière ; car cette fois, j'espère que tu seras pendu. »

Charles était furieux ; mais il lui fut impossible de convaincre le commissaire, bonhomme qui ne pouvait croire qu'un prince du sang se fît arrêter chez une fille publique. On conduisit en prison le petit-fils d'Henri IV, sans plus de façons qu'on n'en fait d'ordinaire avec un mauvais garnement.

Dès qu'il fut sous les verroux, le comte d'Artois écrivit à Sartines, lieutenant de police, et lui fit part de ce qui venait de lui arriver. Sartines envoya promptement chercher le commissaire, et après l'avoir admonesté, il lui ordonna de mettre le prince en liberté.

La leçon était sévère, et il y avait lieu d'espérer qu'elle empêcherait Charles de commettre à l'avenir des fautes de cette nature; mais loin de devenir plus sage, il se livra avec plus d'ardeur à la débauche, et ne tarda pas à être atteint de cette maladie cruelle dont les ravages sur l'espèce humaine étaient si effrayans. C'est à cette époque qu'il fut question de le marier. Sur les propositions qu'on lui fit à cet égard, il se déclara pour mademoiselle de Condé, à laquelle il témoignait depuis long-temps beaucoup d'égards, d'attachement et même de passion. Mais le ministre de la guerre Choiseul, ayant prétendu que des raisons de politique exigeaient que Charles-Philippe épousât une princesse étrangère, Louis XV, qui avait d'abord approuvé le premier choix du prince, adopta l'avis du ministre; il fit demander à la cour de Sardaigne la princesse Marie-Thérèse de Savoie, qui était dans sa dix-septième année. Après les négociations ordinaires, le mariage fut arrêté.

Louis XV, auquel une fâcheuse expérience avait appris combien les jouissances déréglées sont meurtrières, et qui, sans en être plus sage lui-même, avait toujours blâmé l'inconduite du comte d'Artois, lui recommanda de veiller sur sa santé, afin de ne point communiquer à l'épouse qui lui était destinée, la contagion funeste dont il paraissait atteint. Charles, cette fois, fut docile; il se mit entre les mains des médecins du roi son père. Marie-Thérèse arriva de Turin, et reçut, le 16 novembre 1773, la main de Charles-Philippe, auquel elle regretta long-temps de s'être unie.

On avait tout lieu d'espérer que, au moins dans les premiers temps de son mariage, d'Artois serait moins dissipé, et qu'il témoignerait à sa femme les égards qu'elle avait le droit d'attendre de lui. Il ne changea rien à sa vie, et continua de se livrer aux excès les plus scandaleux. Chaque jour il faisait avec une troupe de débauchés les orgies les plus dégoûtantes, et revenait ensuite près de sa femme qui, aimante et sensible, se contentait de lui faire les plus tendres reproches, et de le rappeler à lui-même, en lui donnant sans cesse des preuves de l'amour le plus sincère et de la fidélité la plus constante.

Il y avait vingt-un mois qu'il était marié, causant des chagrins de toute espèce à sa femme, qui les souffrait sans se plaindre, lorsqu'elle mit au monde un fils. On le nomma Louis-Antoine, et on le qualifia duc d'Angoulême. Cet événement ne put faire cesser les débordemens de Charles ; appelé par la nature aux devoirs les plus sacrés, il ne rougit pas d'avoir oublié si long-temps son origine et l'étendue de ses obligations ; il continua de vivre comme par le passé.

Les jouissances du mariage deviennent promptement insipides à une âme usée et incapable de sentir le prix de la vertu. D'Artois trouvait déjà des dégoûts insurmontables dans une union qui eût assuré le bonheur d'un honnête homme. Contat, actrice des Français, qui certes ne l'aimait pas, mais qui feignait d'être éprise pour lui de la plus vive passion, reçut bientôt ses assiduités, et devint sa maîtresse en titre. Afin de parvenir à vaincre son avarice sordide et à tirer de lui de fortes sommes, elle l'enivrait, se prêtait à ses goûts dépravés, s'abandonnait aux dissolutions les plus viles. Ce fut ainsi qu'elle réussit à lui faire contracter, des dettes énormes qu'il espérait ne jamais acquitter, selon la louable coutume des grands de cette époque, qui faisaient jeter par les fenêtres le créancier qui osait insister pour être payé.

Déjà, depuis un an, la Contat recevait d'Artois, qui pourtant ne s'en tenait pas à elle, lorsqu'elle devint enceinte. Ne sachant pas au juste de qui, elle jugea à propos d'attribuer au prince les honneurs de la paternité, et lui fit demander les secours nécessaires. Elle imaginait que le premier soin de Charles serait de voler près d'elle, et de lui donner à l'instant tout ce dont elle avait besoin dans sa situation : il n'en fut rien. D'Artois apprit la nouvelle avec le plus grand sang-froid, et se contenta d'envoyer trois louis à sa maîtresse. La Contat, indignée, voulut se montrer plus grande et plus noble que d'Artois : loin de lui faire des reproches, elle lui renvoya tous les cadeaux qu'elle avait reçus de lui, et lui fit défendre de revenir jamais chez elle.

Des bras de la Contat, Charles passa successivement dans ceux d'une courtisane nommée Saint-Léger, qui le congédia au bout d'un mois; puis dans ceux de la Duthé, autre actrice des Français, qui venait de quitter un seigneur anglais, après l'avoir ruiné sans lui laisser aucune ressource. Cette fille crut qu'elle parviendrait aisément à tirer de Charles des sommes considérables; elle fut très-surprise de le voir débuter comme un particulier, lorsqu'elle s'attendait à le voir se conduire en prince. Elle s'imagina alors qu'en jouant la fierté, la vertu, et en se montrant difficile à vaincre, elle irriterait la passion de Charles ; mais enfin, lassée de poursuivre à ses dépens la conquête d'un homme qu'elle n'aimait pas, elle lui substitua un fermier-général. Bientôt elle eut une riche voiture, des chevaux qui le disputaient à ceux des princes, des soupers fins, des fêtes qui se renouvelaient sans cesse.

Quelques billets que Charles parvint à intercepter lui apprirent une partie de la vérité ; il fit des reproches à cette actrice, qu'il appela son infidèle, et il ne parvint à lui inspirer que plus de dégoût et de mépris. Charles, malgré sa niaiserie, s'aperçut que la Duthé témoignait à le recevoir fort peu de plaisir. Humilié, et reconnaissant qu'il ne serait jamais préféré, il fut long-temps tourmenté du désir de se venger; mais son aventure avec Flore était une leçon qu'il n'avait pas oubliée; il rompit sans éclat.

Des amourettes aussitôt finies que commencées, des orgies, telles furent, pendant quelques mois, les seules distractions du prince. Enfin, ennuyé de n'avoir pu, jusqu'alors, se faire aimer des femmes qu'il avait eues pour maîtresses, il résolut, quelque pénible que lui en parût la nécessité, de se les attacher par des largesses. Quelques bijoux qu'il donna à une charmante actrice Mlle Lange la rendirent fort traitable : pendant plus d'une année, elle s'efforça de donner à d'Artois des preuves de tendresse. Mais les présens cessèrent, l'amour s'envola, Mlle Lange adjoignit à Charles un jeune seigneur qu'elle aimait depuis long-temps. Charles l'apprit, et il résolut d'intimider son concurrent. Mais il avait toujours devant les yeux ces maudites épées, auxquelles il n'avait échappé que pour être mis en prison, ce fut par procuration qu'il signifia ses volontés, et fit faire défense à son rival de se présenter chez la Lange.

« Dis à ton maître qu'il n'est qu'un sot, s'écria le jeune homme, et que je le lui prouverai à la première occasion. »

Le messager n'osa rapporter cette réponse, et Charles, persuadé que sa défense avait produit tout l'effet qu'il en attendait, courut, triomphant, chez sa maîtresse. Il était à peine entré que son rival parut.

« D'honneur ! s'écria ce dernier, je suis charmé de trouver Votre Altesse, et j'espère qu'elle voudra bien me faire raison de l'insulte que j'ai reçue d'elle ce matin.

— Insolent! Ignorez-vous à qui vous parlez?

— Je croirais volontiers parler à un laquais, si je ne savais positivement que vous êtes le comte d'Artois. Au reste, il ne s'agit pas de vous, mais des torts que vous avez envers moi; il me faut satisfaire.

— Pensez-vous qu'un fils de France consente à salir son épée?

—Salir ton épée, malheureux! N'ajoute pas un mot, ou tu es mort!»

Charles fit quelques pas comme pour se retirer ; mais son adversaire se jetant au-devant de lui, lui coupa la retraite, et lui déclara qu'il ne le laisserait pas sortir avant que lui, comte d'Artois, n'eût assigné un rendez-vous, et donné sa parole d'honneur de s'y trouver.

Le pauvre Charles se trouvait pris comme dans une souricière : pâle et tremblant, il fit ce qu'on exigeait de lui, et promit de se rendre le lendemain matin à la porte Maillot. Il lui fut alors permis de sortir. Le jeune homme était enchanté de se mesurer contre un prince du sang; il se promettait d'administrer une correction sévère à son rival, et, long-temps avant le point du jour, il avait tout préparé pour le combat; mais à peine était-il arrivé au lieu désigné, qu'une escouade d'agens de police fondit sur lui : lié, garrotté, jeté à la Bastille, il y mourut quelques mois plus tard.

Dans le même temps, la comtesse d'Artois accoucha d'une fille qui fut appelée *Mademoiselle*. Charles, effrayé des conséquences de sa conduite et des dangers qu'elle lui avait fait courir, parut un instant revenu de ses erreurs. Le roi le complimenta sur son changement de vie, et crut qu'il avait pour toujours renoncé à ses débauches. Il se trompait : indépendamment de la crainte qui retenait d'Artois, l'abus des plaisirs l'avait réduit à un tel état d'épuisement, que ses forces physiques étaient anéanties. Cette sagesse involontaire dura plus d'un an, c'est à cette époque qu'il devint père d'un fils qui fut appelé Charles-Ferdinand, et qualifié duc de *Berry*.

Alors la célèbre demoiselle Montansier, directrice du spectacle de Versailles, où elle avait fait plus d'un million de dettes, était sur le point de faire banqueroute. La reine qui l'aimait et qui l'avait faite quelquefois confidente de ses plaisirs, paya les créanciers, et comme Marie-Antoinette commençait alors à s'entendre avec le comte d'Artois, ce fut chez la Montansier qu'eurent lieu les premiers tête-à-tête. Charles, que la reine avait toujours cru incapable de réfléchir, craignit pourtant, dans le commencement, une intimité dont le résultat pouvait être de lui donner un maître; mais le goût bouillant de sa belle-sœur pour le plaisir, et l'adresse peu commune avec laquelle elle attachait à son char tous les hommes qui lui inspiraient des désirs, parvinrent bientôt à faire oublier à Charles les prudentes réflexions qui l'avaient d'abord retenu. Les parties fines à Trianon et chez la Montansier se multipliaient. Ces nouvelles amours furent bientôt connues de tout le monde ; le roi seul ignorait ce qui se passait, et bien qu'on eût essayé de lui ouvrir les yeux sur les désordres de sa femme, il refusait d'y croire. Il finit pourtant par se rendre à l'évidence, comme on le verra dans le chapitre suivant.

CHAPITRE III.

Aventure nocturne — Charles, Marie-Antoinette et le Factionaire. — Premières Armes du Comte d'Artois; il se sauve à Gibraltar. — Bal de l'Opéra. — La Duchesse de Bourbon. — Duel. — M. de Maurepas — Grossesse de la Reine. — Naisance du Dauphin.

Le roi tentait pourtant quelquefois de remplir les devoirs de mari. Une nuit, ne pouvant dormir, et l'esprit occupé des propos que faisait naître la conduite plus que légère de Marie-Antoinette ; il se leva et se dirigea vers la chambre de son épouse. Il avait l'intention de lui faire quelques tendres reproches; il lui était venu à l'esprit qu'elle les écouterait plus volontiers s'il parvenait à lui prouver que le temps perdu pouvait se réparer, et qu'à la tendresse d'un mari, il n'était pas tout-à-fait incapable de joindre la vigueur d'un amant. Il arrive, enveloppé d'une robe de chambre, à la porte de la reine; une femme de service l'arrête.

« Sire, votre majesté ne peut entrer.

— Pourquoi ? La reine est-elle indisposée ?..... Ce serait une raison de plus pour que je me rendisse près d'elle.

— Ce n'est pas précisément cela, Sire, mais....sa majesté a défendu.... Sa majesté n'a pas dormi la nuit dernière, et.....

— Eh bien ! elle dort maintenant, n'est-ce pas ?..... C'est bien ; j'entrerai avec précaution, et j'attendrai à son chevet l'instant de son réveil. »

Cette insistance déconcerte la femme de service ; elle se trouble ; le roi s'en aperçoit, et mille soupçons s'éveillent dans son esprit.

« Je vous ordonne de m'ouvrir cette porte, s'écrie-t-il, je veux voir la reine à l'instant même.

— Eh bien ! Sire, puisqu'il faut vous le dire, cela est impossible, la reine est absente. »

Ces paroles firent sur Louis l'effet d'un coup de foudre ; il garda le silence pendant quelques instans, se frappa le front ; et après quelques minutes de recueillement, il dit :

« S'il est vrai que la reine ne soit pas chez elle, je puis y entrer sans inconvénient ; ouvrez la porte. »

Et la porte s'étant ouverte, Louis,

put se convaincre que la femme de service avait dit vrai. Il sortit presque aussitôt, retourna dans son appartement, et se fit habiller; puis sous prétexte de prendre l'air, il sortit en défendant qu'on le suivît. Son projet était de prendre les mesures nécessaires pour savoir si la reine était réellement hors du château. Il visita donc tous les postes et donna des ordres pour que les grilles ne fussent ouvertes à personne, pas même aux membres de sa famille.

Pendant que cela se passait, Antoinette et d'Artois étaient à Trianon, là ils savouraient les délices d'un tête-à-tête. La nuit parut courte aux deux amans qui arrivèrent pourtant au château un peu avant la fin du jour.

D'Artois ordonne au factionnaire d'ouvrir la grille.

« Cela m'est défendu, répond le soldat.

— Ouvre à l'instant, coquin, ou je te fais pendre.

— Je ne sais pas si je serai pendu; mais je sais bien que je n'ouvrirai pas.

— Tu ne me connais donc pas, misérable ? Je suis le comte d'Artois, et j'accompagne la reine... Entends-tu, c'est le comte d'Artois qui t'ordonne.....

— J'en suis fâché, monseigneur; mais c'est le roi lui-même qui nous a donné la consigne. »

Charles est furieux; il jure, il crie, il tempête, met l'épée à la main et s'avance sur la sentinelle qui, sans s'effrayer, croise la baïonnette et crie *aux armes !*

« Vous allez me perdre, dit la reine à voix basse ; retirons-nous promptement. »

Ils partirent et se réfugièrent chez la Montansier, de là, par une galerie de communication qui existait entre le théâtre et le château, ils parvinrent à rentrer dans leurs appartemens. Dès le matin, Antoinette se plaignit au roi, et lui demanda que le soldat qui l'avait insultée fût puni sévèrement.

« Cet homme n'a fait qu'obéir à mes ordres, répondit Louis. Me direz-vous, madame, d'où vous veniez à pareille heure ?

— Sire, vous savez combien l'exercice est nécessaire à ma santé..... Je souffrais cette nuit ; j'ai voulu sortir. Le comte d'Artois m'accompagnait.....

— Oui, oui, je le sais ; il vous accompagne souvent,..... beaucoup trop souvent ; mais j'y mettrai ordre. »

Quelques instants après, Louis fit appeler son frère, et lui reprocha une conduite qui donnait lieu aux sarcasmes les plus injurieux et aux épigrammes les plus piquantes. D'Artois voulut se justifier : le roi lui imposa silence et lui ordonna de se retirer.

L'affaire de Gibraltar occupait alors tous les esprits ; les seigneurs les plus distingués s'empressaient de se rendre à l'armée. Charles sentit qu'il afficherait sa lâcheté et se couvrirait de honte s'il restait en

France. Il partit donc pour faire ses premières armes; mais trois mois s'étaient à peine écoulés, qu'on le vit revenir. Le pauvre homme n'avait pu supporter l'odeur de la poudre, et, bien qu'il n'eût pas un instant quitté le quartier-général, il avait failli dix fois mourir de peur. A son retour, il fut accablé d'un déluge d'épigrammes, de chansons et de sarcasmes. Le roi en eut pitié, et parut avoir oublié le passé.

Loin d'être touché de l'indulgence de son frère, d'Artois eut l'air de ne s'en pas soucier; il reprit son ancien train de vie, et renouvela tout d'abord ses liaisons avec la reine.

Charles, ainsi qu'on l'a déjà vu, était grossier, brutal, lâche et sot; il ne tarda pas à donner de nouvelles preuves de toutes ces belles qualités. Se trouvant au bal de l'Opéra, où il cherchait une fille à laquelle il avait donné rendez-vous; il est accosté par une femme qui lui dit en lui prenant le bras : « Où courez-vous, beau masque ? Je serais bien aise de causer un instant avec vous ? »

— Quelle est cette catin ?... Je vais où il me plaît, répond Charles. »

Et d'une main arrachant le masque de son gentil interlocuteur, de l'autre il lui applique un vigoureux soufflet. La jeune femme pousse de grands cris; on s'empresse autour d'elle; la foule empêche Charles de s'échapper; il regarde alors la femme qu'il vient de frapper, et reconnaît la duchesse de Bourbon. Le scandale fut grand; d'Artois essaya de balbutier quelques excuses; mais la duchesse refusa de l'entendre, et se fit porter dans sa voiture. Cette aventure fut bientôt connue de toute la cour. Condé exigea que son fils demandât satisfaction de cet affront. Le duc de Bourbon vint en effet trouver d'Artois, qui mourait de peur, et qui intriguait depuis vingt-quatre heures pour qu'on lui défendît de se mesurer avec lui. Il n'y put parvenir; le roi lui-même n'était pas fâché que son frère, dont il avait tant à se plaindre, reçût une leçon qui le fît changer de conduite. Il fallut se battre; les deux adversaires se rendirent au bois de Boulogne. En mettant pied à terre, le comte d'Artois était pâle et défait; un tremblement continuel agitait tout son corps; à peine eut-il la force de tirer son épée hors du fourreau. On se mit en garde : en ce moment, l'épée de Charles faillit tomber de sa main. Le duc de Bourbon en eut pitié; il aurait pu le tuer, il se contenta de lui faire au bras une légère égratignure. Charles se crut mort, et se laissa tomber : il fallut le porter jusqu'à sa voiture.

Cette affaire fut oubliée. Des divertissemens journaliers, des parties de plaisir continuelles, dont la reine était l'âme, finirent par rendre d'Artois moins inquiet sur les dangers d'une liaison dont il avait d'abord appréhendé les suites. Enfin la reine, qui depuis long-temps avait le désir de devenir mère une seconde fois, s'aperçut que ses vœux seraient bientôt exaucés; mais la joie qu'elle en ressentit fut mélangée de crainte. Il s'agissait de savoir comment le roi prendrait la chose. Les craintes de la reine étaient d'autant plus fondées, qu'elle était l'ennemie du comte de Maurepas, qui seul aurait pu lui être d'une grande utilité en cette circonstance. Après avoir mûrement réfléchi, il prit le parti de tenter une réconciliation avec le comte, et ce fut au moment où l'on croyait, entre eux, les cartes plus brouillées que jamais, qu'elle se fit annoncer chez lui.

« Bon jour, papa, lui dit-elle; vous êtes bien étonné de me voir à cette heure; vous ne m'attendiez pas. »

Madame de Maurepas se pressait de sortir de l'appartement, par respect, et pour ne pas gêner l'entrevue que Sa Majesté semblait venir chercher avec son époux. La reine, s'étant aperçue de ce mouvement, la retient.

« Non, comtesse, lui dit-elle, vous ne sortirez pas, vous m'êtes tous les deux nécessaires; ce que je veux confier au papa est même plus de votre partie que de la sienne. Je compte sur votre amitié, comptez sur la mienne; oublions le passé, et que la plus étroite union guide à l'avenir nos démarches réciproques. Je connais votre attachement pour nous; on m'avait donné des impressions contre vous, on m'assurait que vous en aviez contre moi, voilà l'origine de l'humeur que je vous ai montrée quelquefois, le cœur n'y était pour rien, mes procédés vous le prouveront.

Après ce court exorde, elle saute au col du comte en s'écriant :

Je suis grosse, mon cher comte, oui grosse ; ce qui doit vous étonner, c'est que je tremble de savoir si cet état sera agréable au roi, ou si, vu les circonstances, il ne sera pas dans la plus grande colère sur cet événement. Cette pigrièche de Madame, avec son fade Monsieur, sont ceux dont je redoute le plus les propos ; ils feront aussi bavarder cette hébêtée de comtesse d'Artois ; que ne dira-t-on pas ! car, tenez, comte et comtesse, il y a beaucoup à dire à cet égard, mais tout est dit, j'ai cru bien faire, et si je puis compter sur vous deux, je suis tranquille.

A cet endroit, Antoinette se laisse tomber sur une chaise longue, et semble s'évanouir de douleur et d'inquiétude. Le vieux Mentor accourt à elle, la comtesse se jette à ses pieds, ils lui jurent l'un et l'autre le plus entier dévouement.

« Que votre majesté ordonne, nous sommes prêts d'obéir ; mon mari, dit la comtesse, est votre ministre, je suis sa femme, nous sommes absolument à vous ; encore une fois, ordonnez, tranquillisez-vous, reprenez vos sens, et tout ira bien, nous vous le jurons. »

La reine, remise à ces mots, continua ainsi. Ce rusé de Bezenval m'a perdue par ses conseils ; il m'a excitée contre vous, en m'assurant que votre crédit étoufferait le mien ; que je ne pourrais ni gouverner mon époux, ni ramener vers moi ce peuple, indigné de mes légèretés, qu'en donnant un prince à l'état ; je ne l'ai pas cru dans les premiers momens, mais il m'a fait renouveller les mêmes conseils par Vaudreuil et par Coigny; mes gens ont entendu ces discours : Campan et Bazin sont venus pleurer auprès de moi : Adémar m'a trompée aussi, il m'assurait et me faisait assurer par sa femme, que c'était le seul moyen qui me restait pour n'être pas perdue sans ressource. Ma Jule m'a fait sentir que mon auguste époux commençait, ainsi que tous ses sujets, à se dégoûter de moi, et qu'il fallait frapper ce grand coup. Enfin, mes chers amis, je vous le confesse, j'ai eu Dilon, Coigny, Bezenval, Vaudreuil, Campan, Bazin, un petit commis de la guerre, l'abbé de Vermont, d'Artois, et presque tout ce qui m'approche; le résultat, c'est que je suis grosse; il faut que par votre secours le roi le trouve bon.

— N'en doutez pas, répliqua la comtesse, n'en doutez pas, il le trouvera bon, il en sera même charmé; c'est sa gloire, son honneur et le bien de l'état; allons, monsieur le comte, voyez sa majesté et parlez lui avec cet ascendant que vous avez sur lui; soyez à la hauteur d'une telle circonstance; mettez-y de la dignité et sur tout point de plaisanteries; oubliez pour un moment l'habitude où vous êtes d'en faire sur tout, et ne perdez pas de vue que cette affaire-ci n'en est pas susceptible.

La reine saisit cet instant de chaleur, prend la comtesse par la main, la mène à son souper avec son mari, la comble d'attentions et de préférences.

Les courtisans furent très étonnés de ce raccommodement, dont ils ignoraient la cause. Quand la cour se fut séparée, le comte resta seul avec le roi, auquel il parla de la grossesse de la reine. Louis, loin de paraître surpris, eut l'air de trouver la chose toute simple et répondit :

— Je m'y attendais bien; la chose ne pouvait manquer d'arriver; car j'ai passé plus de deux heures dans le lit de la reine.

Le roi était content, tout le monde le fut ou parut l'être, excepté pourtant le comte et la comtesse de Provence, et le comte d'Artois qui se repentait fort de s'être ainsi donné un maître.

— Mon cher d'Artois, lui dit un jour la reine, ton petit dauphin me donne des coups de pied dans le ventre.

— Et moi, répondit Charles, il m'endonne dans le c... »

Enfin, Marie-Antoinette accoucha d'un garçon sur la naissance duquel le roi reçut de toutes parts des félicitations à la sincérité desquelles il eut la bonhomie de croire. Le jour même de cet événement, on afficha ces mauvais vers à tous les coins de rues :

 Amis, la nouvelle du jour
 Se débite à cette heure :

Un dauphin paraît à la cour;
Si je mens, que je meure!
Si Louis paraît vigoureux,
Ce n'est pas de la sorte;
D'Artois a fait ce coup heureux,
Ou le diable m'emporte!

La reine triomphait; elle était radieuse, et n'appelait plus Maurepas que son cher ministre. D'Artois, au contraire, devenait chaque jour plus maussade, et dès lors, une rupture entre eux sembla devoir être prochaine autant qu'inévitable.

CHAPITRE IV.

Goûts dépravés de Marie-Antoinette. — Mesdames de Mailly, Polastron, de Lamballe, Polignac, Bertin, de Lamotte. — Les Soirées de la Terrasse. — Jeux innocens. — Accouchement de Madame Polignac. — Camarilla.

L'ennui naquit un jour de l'uniformité.

Cette vérité était connue de Marie-Antoinette ; aussi, malgré sa passion pour d'Artois, et les entrevues multipliées qu'elle avait avec lui, elle ne laissait pas de varier ses plaisirs; une fille nommée la Dorvat, qu'elle aimait beaucoup, ne la quittait presque pas, et non-seulement se prêtait à toutes ses fantaisies, mais lui servait adroitement d'interprète. Ce fut par les soins de cette fille que la comtesse de Mailly, Mme Polastron, la princesse Lamballe, Mme Polignac, Mlle Bertin, sa marchande de modes, et la comtesse de Lamotte devinrent successivement les favorites de la reine qui ensuite les sacrifia toutes, et particulièrement la comtesse de Lamotte, qui, compromise dans la sale affaire du collier, fut fouettée et marquée de la main du bourreau; ce ne fut que lorsqu'elle eût subi cet affreux châtiment que Marie-Antoinette favorisa son évasion. La comtesse se retira en Angleterre ; là elle publia des mémoires dans lesquels on trouve ce passage remarquable.

« Le cardinal de Rohan m'ayant annoncé que la reine avait du goût pour moi, et qu'elle me trouvait de la tournure, je ne tardai pas à recevoir de mademoiselle Dorvat un billet contenant l'ordre de me rendre entre onze heures et minuit, au petit Trianon. M'étant ponctuellement trouvée à l'heure désignée, je fus introduite dans le cabinet de la reine par cette même demoiselle Dorvat...

J'y reçus l'explication de ce qu'avait voulu me faire entendre le cardinal, lorsqu'il m'avait parlé de goût et de tournure..... En vérité, je me crus quelque chose de plus qu'une simple mortelle !....

» Sa majesté termina notre long entretien, en signalant sa munificence par le don d'un portefeuille contenant pour dix mille livres de billets de caisse. Le dernier mot fut : *Nous nous reverrons.* En effet, nous nous vîmes souvent et trop longtemps, et toujours sur le même pied. Cet aveu oppresse mon âme; mon cœur se resserre, la plume échappe de mes doigt... O mon auguste souveraine ! c'est à vous que je m'adresse présentement. Rappelez-vous ces momens d'ivresse que j'ose à peine vous retracer ; rappelez-vous et les lieux où ils s'écoulaient et ceux où je les ai épiés. Quelque soit le mépris dont il vous a plu de m'accabler depuis, vous n'en trouverez pas moins écrit au fond de votre âme, qu'alors vous m'élevâtes jusqu'à vous. Mais en vain daignâtes-vous vous dépouiller à mes yeux de l'imposante majesté ; je la reconnus dans votre abandon même ; je me dis : « C'est la déesse Flore qui s'amuse d'une humble fleurette. » Vous savez que dans ces premiers instans, que dans ceux du même genre qui les suivirent, je ne m'écartais jamais du respect dont vous me faisiez vous même l'obligeant reproche. Et c'est cette infortunée que l'approche seule de vos lèvres devait rendre un objet à jamais sacré ; c'est la femme que vous aviez honorée du nom de *chère amie* ; c'est cette malheureuse que vous avez livrée à la main... dirai-je des bourreaux ?... Ah ! je dois vous épargner cette horrible image (1). »

Faisons maintenant un pas en arrière : La princesse de Lamballe avait fait place à madame de Polignac, ap-

(1) L'édition de ces fameux mémoires fut achetée par des agens de la reine, et brulée dans le four de la manufacture de porcelaine de Sèvres ; il n'en échappa que fort peu d'exemplaires.

pelée la comtesse Jule. Cette belle passion, qui dura long-temps, ne pouvait être comparée qu'à l'attachement du roi Louis XV pour madame de Pompadour. Comme cette dernière, madame la comtesse Jule, coûtait à l'état des sommes immenses. Madame de Pompadour avait des amans, madame Jule vivait publiquement avec Vaudreuil; et ce qu'il y avait de plaisant, c'est qu'il était aussi bien avec la reine et le roi qu'avec la comtesse Jule. Madame de Pompadour pardonnait et même procurait à son auguste amant des plaisirs de passade; madame Jule en pardonnait à Marie-Antoinette; elle lui procura la petite

Laborde, femme d'un valet de chambre du roi, qu'elle fit sa lectrice. Madame de Pompadour vendait des emplois, des bénéfices, des charges, des évêchés, etc. etc. Elle avait des bureaux, un tarif et un premier commis pour cet objet. Madame Jule vendait pareillement, évêchés, bénéfices, emplois, charges, etc. Vaudreuil était le ministre en chef de cette partie. Madame de Pompadour enrichit sa famille et fit son frère cordon bleu; Mme Polignac fit son mari duc; elle maria sa fille avec le fils de madame de Grammont; les graces et l'argent devancèrent cette union; le gendre fut créé duc, il obtint une compagnie des gardes du roi, et cela fut porté à un tel point d'indécence, que la famille des Polignac et celle des Grammont envahissaient tout, demandaient tout, et que l'on ne pouvait faire un pas sans les trouver dans son chemin en opposition.

L'hiver qui suivit cette nouvelle liaison ressembla aux précédens. Beaucoup de spectacles, de bals et de jeu. La coquetterie la plus raffinée augmenta encore le luxe et la dépense; ce fut alors que la reine prit pour son ministre, dans la partie des colifichets, Mlle Bertin, marchande de modes; elle travaillait avec Mlle Bertin, comme son époux travaillait avec ses secrétaires d'état.

Mlle Guimard, de l'Opéra, était un autre ministre femelle pour la partie des gazes et des habillemens. Il est certain que les affaires de la France auraient pris une excellente tournure, si le roi avait mis dans le choix de ses ministres la même sagacité et le même jugement que la reine mettait dans le choix des siens. Les Sully, les Colbert, les Richelieu, ne peuvent dans leur genre être comparés à la Bertin et à la Guimard dans le leur. On entendit souvent la Bertin, partant pour Versailles, et emportant dans un portefeuille fermé à clé des échantillons de modes, dire à ses pratiques :
« Je vais à la cour, je ne puis laisser
« sortir cette mode de chez moi, que

» je n'aie fait mon travail avec la reine
» à qui sûrement elle plaira, et je lui
» en dois la préférence. » Rien n'était
plus plaisant que le ton de dignité de
cette grisette en tenant ce propos. Mlle
Guimard, plus à portée des grandeurs, ne mettait pas autant d'importance dans son travail, ce qui ne
l'empêchait pas de réussir aussi
bien.

Les plaisirs de l'été furent diversifiés, les soirées de la terrasse,
après avoir été fort à la mode,
avaient fini par déplaire. Antoinette avait, sous ses déguisemens,
essuyé des apostrophes et des propos durs. Monsieur, et M. comte

d'Artois, avaient profité du leur pour faire des conquêtes; madame de Terrage, la petite Bêche, et plusieurs autres de cette espèce, avaient été la proie de leurs incursions; les maris s'en étaient aperçus, et ils avaient pris des mesures pour que cela ne pût se renouveler.

Il fut question de substituer à ces plaisirs des jeux innocens et particuliers. On commença par interdire au public les promenades du parc après souper; on faisait illuminer, tant bien que mal, une partie des bosquets dans l'un desquels on avait établi un trône de fougère, et là, on jouait au Roi comme les petites filles jouent à madame ; on élisait un roi, il donnait ses audiences, tenait sa cour et rendait justice sur les plaintes qui lui étaient adressées par son peuple, représenté par les gens de la cour et du comité, par le roi et la reine qui venaient se dépouiller de leur grandeur, au pied de ce trône factice. On faisait au nouveau roi les plaintes les plus originales ; les peines et les récompenses ne l'étaient pas moins ; mais au bout de quelques instans de ces plaisanteries, sa majesté, qui était presque toujours Vaudreuil, prenait fantaisie de faire des mariages; il mariait le roi avec une femme de la cour; la reine avec un des hommes, et le plus souvent avec lui-même. Il en usait ainsi pour tous les autres hommes et femmes de la société; il les faisait approcher par couples au pied du trône, ordonnait que chacun se prît par la main, et là, avec tout le respect dû à ce nouveau genre de sacrement, et au nouveau roi qui se mêlait ainsi du sacerdoce, on attendait le mot sacramental qui était *decampativos*. Aussitôt prononcé, chacun avec sa chacune fuyait à toutes jambes vers un des bosquets qu'il choisissait : défenses, de par le roi des fougères, de rentrer avant deux heures dans la salle du trône ; défenses d'aller plus d'un couple ensemble dans la salle du trône et dans le même endroit ; défenses de se voir, de se rencontrer, de se nuire, de se chercher, ni de se parler. Ce jeu plaisait fort au roi, qui trouvait très-plaisant de se voir ainsi détrôné sur l'herbe par Vaudreuil.

Cette année là on devait ordonner les eaux à la reine, pour provoquer une nouvelle grossesse ; mais les médecins prétendirent que ces plaisirs nocturnes, et surtout le *decampativos* feraient encore plus d'effet. D'ailleurs, Necker qui craignait la dépense et n'était pas partisan des voyages, ayant été consulté, dit que, bien que le nouveau roi du soir coûtât presqu'autant que s'il l'était pour toute la journée, il valait mieux s'en tenir à cette recette.

Madame Jule de Polignac accoucha dans le temps de tous ces plaisirs. La cour, à la nouvelle de ce grand événement, vint passer huit jours à la Muette pour que la reine fut plus à portée de rendre des soins à sa tendre amie, qui fit ses couches à Paris, tout bonnement dans l'appartement de Vaudreuil. Antoinette ne quitta pas le chevet de son lit, et lui servit de garde-accoucheuse. Les ignorans et ceux qui ne connaissaient pas les intrigues de la cour, trouvèrent singulier que madame Jule n'eût pas fait ses couches au château de Versailles, et ne se fût pas mise à portée de son amie; cela eût été plus naturel et plus décent. Mais ces fréquens voyages de Paris, ces visites avaient un but qui n'eût pas été rempli autrement. Madame Jule qui s'était prêtée à la distraction de la petite Laborde, devait se prêter à celle de Vaudreuil, dont elle n'avait pas besoin alors, et qui pouvait en quelque sorte le remplacer auprès d'Antoinette.

En attendant, la reine donna à madame Jule une layette de 80,000 l., et le roi, un présent en argent de pareille somme; on devait y joindre le duché de Mayenne, bagatelle de 80,000 livres; mais Necker qui se connaissait en bagatelles de cette nature, s'y opposa; pourtant, un instant après, il sentit qu'il avait eu tort; il se rappela la chute de Turgot, et comme il tenait beaucoup à sa place, dont la favorite menaçait déjà de le déloger, il répara ce mouvement de son zèle indiscret, en déterminant la reine à faire, à sa favorite, un don de 3,000,000 liv. en dédommagement du duché en question qui n'était pas fait pour elle.

Madame Jule était relevée de ses

couches ; les visites de la reine avaient été continuelles, les allées et les venues que cet événement avait occasionées, donnèrent lieu à bien des discours. Les parisiens n'avaient pu voir sans indignation l'abus que la favorite faisait d'un crédit si vilement acquis. On ne put apprendre, sans murmurer, la profusion avec laquelle on avait répandu les graces, avec laquelle on avait accablé de dons et d'argent cette favorite, toute sa famille, et jusqu'à ses alentours, dans un temps où la guerre et le peu de crédit de l'état rendaient l'argent si rare et le peuple si malheureux.

L'ascendant de madame Jule sur Antoinette fut tel, dans ce moment, qu'à la suite de cette couche, quelques indispositions l'ayant mise dans le cas de craindre de sortir trop tôt, on lui forma de petits appartemens dans lesquels il n'y avait d'introduits que ceux et celles qui étaient destinées à former sa cour : le roi même n'y était admis que quand on avait besoin de lui.

C'était dans ces assemblées que l'on délibérait sur les affaires les plus importantes du ministère. La paix, la guerre, la politique, la finance, le renvoi des ministres, le point de faveur et de crédit qu'on devait leur accorder, tout y était traité et jugé en dernier ressort; et l'on ne faisait entrer le roi pour ratifier les décisions de cette ridicule assemblée, que pour la forme, tant la reine était assurée qu'elle ne demanderait jamais rien en vain. Quelquefois le roi, étonné des propositions et des décisions du comité femelle, voulait passer chez le vieux comte pour y chercher un avis, mais il en était aussitôt empêché, ou bien s'il s'échappait quelquefois, Antoinette faisait dire un mot au Mentor, qui gardait le silence ou ne contredisait pas. Le bon roi prenait ce silence pour un acquiescement, et content il repassait bien vîte au petit appartement; riait, jurait et donnait sa parole.

Vaudreuil et Bezenval, madame Jule et madame de Grammont présidaient ce ridicule conseil, dont madame Delmiane était le rapporteur comme ministre des affaires étrangères.

On voyait encore dans cette société Adémar, ambassadeur de la cour de Bruxelles; ambitieux parce qu'on lui avait dit de l'être, voulant être ministre, à quelque prix que ce fût, quoique doué pour toutes les affaires d'une nullité absolue, sans facultés comme sans talens, indigne même de l'inutile ambassade des Pays-Bas, qu'il ne devait qu'au crédit et aux intrigues de la comtesse sa femme qui n'épargnait aucun moyen pour aider aux vues de son mari qu'elle connaissait bien, qu'elle appréciait bien, et dont elle raffollait quand elle était loin de lui.

Un comte de Polignac, aussi sot que celui que la duchesse d'Orléans avait mis dans sa chanson d'adieu qu'elle appellait son testament de mort :

Polignac, mon très-sot amant,
Me voit mourir indécemment ;
C'est une grosse bête
Eh bien !

Bon pour le tête à tête,
Vous m'entendez bien.

Un prince d'Hénin, le plus méprisé et le plus méprisable des hommes. Un chevalier de Crussol, le tartuffe le plus adroit de son siècle, qui prêchait la vertu et ne la possédait que comme le pharisien de l'évangile, qui, à l'ombre de ses dehors trompeurs, laissait vendre à la baronne de Groffier les bénéfices et les grâces de l'ordre de Malte. Il vivait depuis long-temps avec cette baronne, et l'entretenait au château des Tuileries, dans un des appartemens de la reine, tandis que le mari restait complaisamment dans ses terres. Ce chevalier, qui n'était pas, comme l'on voit, le chevalier sans peur et sans reproches, possédait au suprême degré tous les moyens que donnent les vices qui naissent de l'hypocrisie; tantôt il faisait agir madame de Flamarin auprès du vieux comte de Maurepas, et tantôt le patron de Senlis qu'il faisait mouvoir par son cagotisme. Il employait tout à la fois le sacré et le profane, et pourvu que le succès couronnât ses démarches, tout était bien.

Les Dilon, les Coligny, l'abbé de Vermont, avaient aussi voix délibérative dans le comité, dont C... était secrétaire, ainsi que du cabinet et de la garde-robe. Ce Bonneau, d'une nouvelle espèce, était plus intelligent que son modèle ; ce fut à lui que la reine dut la nouvelle invention de donner ses ordres et ses rendez-vous en musique. Sous le prétexte de faire copier de la musique, C..... en portait à la personne qu'on lui indiquait ; il y avait toujours quelques lignes de la composition et de la main d'Antoinette : ces lignes étaient en style oriental, connu des deux parties seulement. Ce moyen avait paru à C.......... le chef-d'œuvre de l'imagination dans ce genre ; il s'était dit que, pour un homme comme lui, il était plus décent et moins dangereux de porter quelques pages de musique à copier, qu'un billet doux qui pourrait compromettre le secrétaire du cabinet et le porteur; et qu'un homme d'honneur devait moins souffrir en agissant de la sorte. C'était bien là le cas de dire, où diable l'honneur va-t-il se nicher? C'était donc C....., huissier de l'ordre de Saint-Lazare, qui portait à copier la musique, attendait la réponse sur l'escalier, introduisait le copiste, gardait la porte et rajustait le lit.

Quelque secrets que fussent ces messages, on en parla, et le scandale finit par devenir si grand, qu'un mauvais sujet de cette époque, écrivait à l'un de ses amis :

« A bien prendre, la cour de France est à présent une pétaudière ; cette belle pureté de mœurs, que l'on avait voulu afficher dans les commencemens du règne, est perdue; Richelieu prime de nouveau, et dit qu'avant de mourir il veut donner une maîtresse en titre au roi, un amant avoué à la reine, un sérail au comte d'Artois, un étalon à Madame, et une fille à Monsieur, afin de mourir comme il a vécu.

CHAPITRE V.

Lettre du cardinal de Rohan à l'impératrice. — Le beau Fersenne. — Bonne fortune de la reine. — Incognito. — Le prince de Montbarey.—Les Courses de chevaux. — Dilapidation des finances. — Complot contre la vie du roi. — Prise de la Bastille. — Fuite du comte d'Artois.

Non-seulement les liaisons du comte d'Artois et de Marie-Antoinette scandalisaient la cour et la ville, mais le bruit s'en répandit en Allemagne, et l'impératrice demanda des détails à cet égard au cardinal de Rohan, alors grand-aumônier de France. Ce prélat, qui avait dans le cœur un levain de jalousie contre d'Artois, et qui visait aux faveurs de la reine qu'il obtint depuis, dépêcha à Vienne un courrier chargé de cette lettre :

« Madame,

« Mon respect et mon zèle pour l'illustre maison d'Autriche, la vénération que vos vertus m'ont inspirée, la franchise que vous avez reconnue en moi, lorsque le roi me chargea de ses sentimens auprès de vous, tout me force à remplir un ministère douloureux à mon cœur. Que n'avez-vous chargé quelque autre de cette affligeante mission !

« Il n'est que trop vrai que notre dauphine, aujourd'hui notre reine, en entrant sur le territoire de France, a totalement oublié les leçons de sagesse que vous vous étiez plu à faire germer dans son cœur. Indépendamment de son goût excessif pour le luxe, elle se livre à tous les excès de la coquetterie. Le bruit court, et il est même aujourd'hui prouvé jusqu'à l'évidence, qu'elle préfère son beau-frère, le comte d'Artois, à son auguste époux.

« Voilà, madame, tout ce que je puis vous apprendre. Puisse votre majesté, par ses sages exhortations, la remettre dans le sentier du devoir ! Puisse mon zèle y coopérer ! C'est la moindre preuve de dévouement que puisse vous donner celui qui ne cessera d'être, madame, de votre majesté, le très-humble et très-respectueux serviteur.

« L. de Rohan. »

Le prélat s'imaginait qu'à la réception de cette lettre, l'impératrice ferait à sa fille les plus vifs reproches, et prendrait si bien ses mesures, qu'elle amènerait une rupture éclatante entre les deux amans. Il se trompa. Cette femme à laquelle, malgré ses vices, on n'aurait pu sans injustice refuser un grand caractère, vit avec plaisir des liaisons dont le résultat faisait en quelque sorte revivre la branche régnante. Mais cette rupture, que le cardinal ne croyait possible qu'en employant de grands moyens, ne tarda pas à arriver tout naturellement.

Déjà, depuis quelque temps, d'Artois commençait à fatiguer la reine; plus d'une fois elle lui avait donné des collègues, elle voulut enfin lui donner un successeur. Ce fut sur le colonel de Royal-Suédois, qu'on appelait le beau Fersenne, qu'Antoinette jeta les yeux, et, sans autre préambule, elle lui fit remettre par un garçon de chambre un billet portant invitation au colonel de se rendre à Trianon. Le nouvel amant fut introduit dans le boudoir par un confident de la reine, et cette intrigue dura quelque temps ; mais Fersenne n'était qu'un homme : il fut bientôt épuisé, et prit sagement le parti de la retraite.

Il fallut le remplacer ; c'était pour Antoinette une affaire de haute importance. Un soir qu'en méditant sur ce sujet, elle se promenait dans les bosquets de Trianon, elle aperçut un jeune homme qui lui parut au clair de lune être assez bien fait et d'une jolie figure ; elle ne se trompait point. Ce jeune homme était un enfant de l'amour et beau comme lui ; il venait tout récemment d'obtenir une place de commis au secrétariat de la guerre, par la protection d'une comtesse qui était sa mère, laquelle n'avait pu, parmi la foule des ayant droit, reconnaître le père de son fils.

Tendre, sensible, doux, innocent et timide, ce jeune homme fut loin de deviner à qui il avait l'avantage de parler ; on le questionna sur la situation de son cœur ; ses réponses et son ingénuité enflammèrent la trop inflammable princesse; on lui passa la main sous le menton, que l'on trouva seulement garni du plus léger duvet, sa peau douce et fine annonçait l'âge des plaisirs; on en fut plus convaincu quand on sut qu'il n'avait que dix-sept ans, et qu'il ne connaissait de l'amour que le nom. Malgré sa timidité et son embarras, on distingua une sorte d'esprit dans le nouvel Adonis; enfin il plut, sa figure, son ton, sa taille, tout, jusqu'au son de sa voix, se tracèrent dans le cœur de la reine en traits de feu : on le quitta sans se faire connaître, et on lui donna rendez-vous pour le lendemain à la même heure et au même lieu.

Le sommeil et l'amour s'accordent mal ; le même sentiment, qui avait fait des progrès sous les lambris dorés du château de Versailles, avait suivi notre jeune homme dans sa modeste solitude. L'aventure, après l'avoir étonné, l'avait enflammé à son tour. Nature et jeunesse lui firent sentir bientôt que, jusqu'à ce moment, il avait existé dans un néant désolant à son âge ; ou, pour mieux dire, qu'il n'avait pas encore existé. Il ne ferma pas l'œil de la nuit ; la journée lui parut un siècle : les distractions, l'ennui, le découragement et un malaise, jusqu'alors inconnu, s'emparèrent de ses sens et l'accablèrent jusqu'au moment où il alla rejoindre celle qui causait tout ce ravage; il en était de même chez Antoinette, à la jouissance près, dont elle connaissait les délices; ce qui rendait alors son impatience d'autant plus grande. On s'occupa des moyens de connaître le héros qui devait être couronné, on y réussit et l'on n'en fut que plus décidé à profiter de la circonstance heureuse que l'amour procurait : en conséquence, on arrangea tout pour pousser l'affaire à fin le plus promptement possible. On fit une demiconfidence à C...., valet de chambre, chargé de la partie des plaisirs ; habitué à entendre à demi-mot, et fort adroit dans l'exercice de ce sublime emploi ; tout fut distribué au gré de l'impatiente et amoureuse princesse.

Les nouveaux amans arrivèrent en même temps au rendez-vous ; ils se virent et s'élancèrent dans les bras l'un de l'autre ; la vive Antoinette sut bien vite dégager son jeune vainqueur d'une timidité gênante, et l'on se jura de s'aimer toujours, avant seulement d'avoir commencé à parler d'amour. Charmans effets du désir et du besoin d'aimer. La reine, pour qui le moindre retard pouvait être dangereux, conduisit son amant dans un bosquet éclairé avec art, et préparé avec soin par l'industrieux C..... : ils furent heureux, et le charmant jeune homme ne connut tout le prix de sa conquête qu'après avoir goûté dans ses bras le bonheur suprême. La crainte et l'excès de sa félicité lui firent sentir la nécessité du silence.

On rentra dans la foule; le jeune homme tremblant et hors de lui, eut besoin d'être rassuré; mais on parvint aisément à lui faire reprendre ses sens, et il fut, au bout de quelques minutes, en état de répondre aux rapides questions qu'on lui fit.

Bientôt l'amour disparut et fit place à l'intrigue. Depuis quelques temps on en voulait au prince Montbarey, ministre de la guerre; on questionna le jeune homme sur son compte, sur celui de la Renard, avec laquelle vivait ce ministre, sur ses fréquentes orgies, à la suite desquelles on était obligé de le mettre au lit, et enfin sur tout ce qui pouvait procurer des renseignemens. Le jeune homme répondit avec adresse et prudence; il était d'ailleurs trop nouvellement au secrétariat pour être initié dans aucun mystère ; on le vit, et il fut chargé d'*examiner* et de rendre compte. Avant de se quitter, il fallut pourvoir aux moyens de se revoir ; l'aventure du bosquet devenait dangereuse pour le nouvel Adonis, C..... fut consulté. Son génie inventif trouva un expédient, et la reine les mit si bien à profit, que le commis des finances fut bientôt contraint de suivre l'exemple du colonel Fersenne.

Tandis que cela se passait, le comte d'Artois se ruinait. Il n'était question à la cour que de courses de chevaux ; Charles se livra avec ardeur à ce plaisir nouveau en France, mais la fortune lui fut si peu favorable, qu'il perdit en très-peu de temps des sommes énormes ; le duc de Chartres gagna contre lui des paris de plusieurs millions, ce qui mit dans un état déplorable les affaires du comte, qui acheva de se ruiner au jeu.

Obligé d'emprunter de toutes mains pour soutenir le train de sa maison, d'Artois commença à regretter les bonnes grâces de Marie-Antoinette qui, seule, aurait pu réparer les désastres de sa fortune. Dans l'espoir de renouer, il s'avisa de se montrer jaloux, et il reprocha tendrement à sa belle-sœur les nombreuses infidélités qu'elle lui avait faites. Antoinette lui avoua ingénuement ce qu'elle appelait ses folies; des tendres reproches, on en vint promptement à de plus doux propos, et les choses marchèrent avec tant de promptitude que la réconciliation fut scellée le soir même.

Bientôt les épigrammes, les caricatures, les chansons recommencèrent à pleuvoir de plus belle sur la reine et son beau-frère; le roi lui-même ne put long-temps ignorer ce qui se passait, et il arriva qu'un jour de grand couvert, le monarque trouva sous sa serviette ces mauvais couplets :

> Notre lubrique reine,
> D'Artois le débauché,
> Tous deux, sans moindre gêne,
> Font le joli péché.....
> Eh ! mais oui-dà !
> Louis trouverait-il du mal à çà ?

> Cette belle alliance
> Nous a bien convaincus
> Que le bon roi de France
> Est le roi des cocus,
> Eh ! mais oui-dà !
> Nous ne saurions trouver du mal à çà !

Dans un troisième couplet, on reprochait à Mme Polignac d'être l'entremetteuse de la reine et du comte d'Artois ; les expressions ordurières de ce couplet, nous empêchent de le rapporter. Le roi, après avoir lu ces gravelures, contint son indignation ; mais, après le dîner, il passa dans son cabinet avec Antoinette, et lui fit les plus sanglans reproches sur sa conduite scandaleuse, ses disparutions clandestines, et l'indécence qu'elle affichait. Pour toute justification, la reine répondit avec colère : « Vous ne pensez pas, sans doute, que j'aie quitté la cour de Vienne pour être esclave à celle de France ! Je veux être libre dans mon palais, et j'espère qu'à l'avenir vous vous dispenserez de me faire entendre ces reproches ridicules..»

Le bon homme baissa la tête, et se le tint pour dit : habitué à se soumettre aux volontés de sa femme, ce n'était pas sans se faire une grande violence qu'il avait essayé de lui parler en maître ; cet effort ne pouvait se renouveler, et il n'en fut plus question.

Cependant, la situation des finances était des plus affligeantes : la reine et les princes les dilapidaient à à l'envi. Bientôt l'état fut dénué de ressources ; les traitans ne trouvaient plus rien à prendre. Lorsque le parlement de Paris eût refusé d'enregistrer l'impôt territorial, et celui du timbre ; lorsqu'il eût été exilé à

Troyes, d'où il revînt lâchement après avoir enregistré un vingtième, bien qu'il eût déclaré que le droit de consentir les impôts n'appartenait qu'à la nation assemblée, il fallut bien que l'on en vînt à la convocation des états-généraux. La reine, les princes, et toutes leurs créatures, s'imaginèrent d'abord que le premier soin des députés réunis serait de s'occuper des moyens de leur fournir de l'argent, et de faciliter de nouvelles déprédations : ils furent promptement désabusés. Alors on eût recours aux complots ; on vendit des diamans, on emprunta de toutes mains pour se procurer de l'argent, que la reine et le comte d'Artois faisaient semer dans les faubourgs pour se faire des partisans.

Voici une anecdote qui peut faire entrevoir quels étaient leurs projets :

Thierry, valet de chambre du roi, traversait plusieurs appartemens pour se rendre près de son maître, lorsque chemin faisant, il entendit parler à voix basse dans une chambre voisine. Il s'arrête, écoute, et croit reconnaître la voix du maréchal de Broglie qui disait : *J'en fais mon affaire*, ainsi que celle du comte d'Artois et du prince de Lambescq. L'attention de Thierry redouble, et après

après avoir entendu plusieurs fois prononcer les noms de Brienne, de Foulon, de Lamoignon, sans pouvoir découvrir quel était l'objet d'une conférence si extraordinaire, dont presque tous les membres parlaient à voix basse, il entendit très-distinctement ces paroles du comte d'Artois : « Eh! ma sœur, soyez tranquille, je vous promets sur ma tête que votre benêt de mari ne sera pas redoutable dans quarante-huit heures ; je me charge de cela, et l'on verra beau jeu.

Après ces paroles, on garda le silence pendant quelques instans. Lorsqu'on recommença à parler, Thierry était si tremblant, et sa frayeur était si grande, que craignant de se trouver mal et d'être surpris, il se retira et courut tout en désordre avertir d'Estaing de ce qui ce passait. Celui-ci lui témoigna la plus grande surprise, lui dit que le complot paraissait trop exécrable pour qu'il y pût croire. Thierry ne répondit qu'en offrant sa personne pour caution. D'Estaing accepta la proposition, et se chargea d'imaginer un expédient pour empêcher les conjurés de soupçonner Thierry de les avoir dénoncés, ce qu'ils eussent pu faire, ayant plusieurs fois rencontré ce personnage dans des appartemens, et à des heures qui leur pouvaient faire croire qu'on les espionnait.

D'Estaing alla donc trouver le roi, et se proposa de ne le pas quitter. Il était encore près de lui le lendemain matin, lorsqu'il entendit traverser une pièce voisine par une personne qui marchait à grands pas. Alors il quitta brusquement le monarque, et s'élança vers une porte qui s'ouvrait déjà. Il reconnut d'Artois, et lui présentant deux pistolets, il lui dit : « Mon prince, votre altesse royale n'entrera chez sa majesté que lorsqu'elle m'aura étendu mort sur le parquet. »

Au même instant, le roi s'étant aperçu de ce qui se passait, jeta un grand cri, et appela ses gardes. D'artois se voyant découvert, se retire, et dit en affectant le plus grand sang froid : « Point de bruit, comte, si mon frère n'est pas visible, je lui dirai dans un autre instant ce qui m'amenait. »

Aussitôt il se retira et rejoignit la reine, la Polignac, l'abbé de Vermond, Foulon et le comte de Mercy qui se livraient à la joie la plus bruyante.

Cependant d'Estaing qui craignait que les conjurés attentassent aux jours du valet de chambre qu'ils regardaient avec raison comme le révélateur de leur complot, convint avec le roi qu'il ferait à Thierry quelques reproches publics, sous prétexte d'indiscrétion et de rapports faits par lui à la reine; en effet, le roi le rencontrant, lui dit quelques mots, et lui donna même un coup de poing, dont les gazettes du temps s'occupèrent beaucoup, ce qui donna lieu à une brochure intitulée : *La Bonne Nouvelle*.

Les choses en étaient là, lorsque les parisiens s'emparèrent de la Bastille. Alors, ceux qu'on appelait *les grands* tremblèrent; d'Artois comprit qu'il n'y avait plus pour lui de sûreté en France, et il se détermina à partir. Avant de prendre la fuite, l alla faire ses adieux à Mlle Raucourt, actrice des Français, dont depuis peu il avait fait sa maîtresse, et qui demeurait alors rue de Condé, dans une maison qui avait appartenu à Beaumarchais, et que lui avait donnée Charles. Cette dernière visite fut remarquée; Mlle Raucourt parut suspecte, et quelques jours après elle fût arrêtée à Saint-Denis.

Des bras de cette actrice, d'Artois passa dans ceux de Marie-Antoinette avec laquelle il pleura longtemps; puis il partit, et se rendit à Bruxelles, où se trouvaient déjà beaucoup d'émigrés dont la réunion était appelée *la petite cour de France*. Dans cette ville, Charles ne cessa de se livrer à la plus crapuleuse débauche; il renchérit encore sur ce qu'il avait fait à Paris, ce qui eût été difficile pour tout autre, mais Charles semblait prendre à tâche de montrer jusqu'à quels excès un homme de cour pouvait descendre.

CHAPITRE VI.

Le comte d'Artois à Bruxelles.—Hortense et le financier. — Histoire d'une jolie fille. — Lettre du prince de Conti. — Le comte d'Artois le rejoint à Turin. — Mauvais pas. — Bonnes fortunes. — — Aventure tragique. — D'Artois renonce à la galanterie et se fait dévot.

Les finances du comte d'Artois étaient dans un piteux état lorsqu'il arriva à Bruxelles ; cette raison, indépendamment de son avarice, le mettait dans la nécessité de chercher à se procurer des plaisirs à bon marché. Loin de faire fi des financiers, il mettait tout en œuvre pour s'en faire aimer; il mangeait fréquemment à la table des principaux, et vivait avec quelques-uns sur le pied de l'intimité. Un soir qu'il soupait chez l'un des plus riches et des plus fastueux de ces personnages, il y vit une demoiselle charmante. L'éclat de sa parure l'aurait pu faire prendre pour une personne de la première qualité. Grande et belle, ses yeux étaient noirs, et son port majestueux avait quelque chose d'imposant. Sa robe, leste et légère, était garnie toute en dentelle. Dans ses cheveux, artistement arrangés, étincelaient des épingles de diamans, et de superbes boucles brillaient à ses oreilles. La blancheur de son col d'albâtre et de sa gorge éblouissante était relevée par une chaîne d'or, et ses beaux bras, ronds et potelés, étaient entourés d'un magnifique bracelet orné de chiffres amoureux. Elle s'appelait Hortense; elle avait fait son apprentissage chez la Gourdan, et avait été attachée à l'Opéra en qualité de danseuse. Depuis quatre ans elle vivait aux dépens de la bourse de notre Crésus. On la distinguait cependant de ses rivales. Son ton était moins libre; son éducation paraissait avoir été plus soignée, et on lui savait gré surtout de la violence qu'elle se faisait pour se mettre au niveau de l'indécence qui combat l'ennui de ces sortes de parties.

D'Artois ne put la voir impunément. Son cœur fut pris du plus vif sentiment; et, dès ce moment, il résolut de tout entreprendre pour se l'attacher. Il fallut se séparer, mais Charles se proposa dès-lors de mettre tout en œuvre pour posséder cette jolie personne. Dès le lendemain, il parvint à lui faire remettre une lettre où il l'entretenait de tout son amour. Ses déclarations ne furent pas aussi bien accueillies qu'il l'avait espéré;

alors, changeant de manœuvres, il feignit l'indifférence. Hortense fut étonnée de son découragement, et lui en sut très-mauvais gré. Peu de femmes pardonnent l'indifférence. Celles qui sont vertueuses veulent toujours être à même de refuser, à plus forte raison celles qui n'ont qu'une sagesse de calcul. Hortense n'aimait point positivement, mais elle aurait vu volontiers dans ses fers un jeune homme qui semblait n'avoir ni l'innocence de la province, ni une entière expérience de Paris. Et puis il s'agissait de la conquête d'un prince, prince déchu, à la vérité, et qui méritait de l'être, mais qu'un reste de grandeur environnait encore ; elle fit à son tour quelques avances, Charles se rapprocha, et ne tarda pas à être heureux ; mais l'excès du bonheur ne lui fit pas perdre de vue le parti qu'il se proposait de tirer de cette bonne fortune.

« Ma chère Hortense, dit-il, il ne faut pas que l'amour vous fasse négliger la fortune.

— Il y a un moyen bien simple, répondit Hortense ; tâchez que M. Varmont, ce riche financier chez qui nous soupâmes ensemble, vous amène lui-même chez moi. Cela, il est vrai, sera difficile, car il est quinteux ; jaloux ; son ombre même l'offusque souvent.

— M. de Varmont y consentira, ma chère Hortense; d'ailleurs il n'est rien que je n'entreprenne pour ne plus me séparer de vous. »

Effectivement, conduit par l'amour et l'avarice, il réussit auprès du vieux millionnaire, qui, dès le soir même, le mena souper chez l'objet de ses amours.

Hortense était du petit nombre de ces femmes dont la jouissance fait d'un goût une passion. La douce fraîcheur de son haleine, l'élégance voluptueuse de sa taille, la richesse de sa gorge, la beauté de ses formes faisaient d'un plaisir commun un plaisir entièrement neuf. Elle avait le rare et délicieux secret d'inviter la pudeur, où tant d'autres la croient gênante. Il semblait qu'on avait toujours deviné le moment de ses désirs; le sentiment le plus vrai et le plus tendre parsuadait qu'on avait tout accordé au cœur et rien à la nature; mais Charles était incapable de sentir le prix de tout cela; il jouissait avec ivresse sans connaître la cause de son bonheur.

Cette liaison avait d'autant plus de charmes qu'il fallait l'envelopper du voile utile du mystère. Les rencontres amoureuses étaient rares. La nombreuse société d'Hortense donnait lieu à toute espèce de dissipation, et éloignait forcément les occasions où les amans pouvaient librement se rapprocher. Six semaines se passèrent comme un jour, et les seules inquiétudes qui les troublèrent naquirent de la jalousie que prit Varmont sur différens personnages qu'Hortense recevait chez elle. Il plaça des espions sur leurs traces, et acquit bientôt la certitude qu'Hortense le trompait; mais il ne soupçonna même pas que Charles pût être le complice de cette fille. Le cœur plein d'amertume, il arrive un matin chez le prince, se promène à grands pas, l'œil en feu, le front rembruni, et le désespoir dans l'âme. « Je suis trahi, dit-il, et je le suis par une femme à qui j'avais rendu, sinon l'honneur, du moins quelques droits à la société, par une femme perfide à qui j'avais livré mon cœur et mon existence entière ; et ce qui met le comble à ma douleur, c'est qu'il faut que je lui enlève jusqu'à mon estime. Vous pouvez, monseigneur, ajouta-t-il, me rendre un grand service ; vous êtes le seul qui connaissiez notre intimité ; allez chez elle, accablez-la de reproches, brisez mon portrait, et dites-lui les raisons pour lesquelles je l'abandonne au sort qui venge tôt ou tard les hommes dupes de ses pareilles. Je vous attends ici. »

Charles part et trouve Hortense étendue sur un sopha.

« Qu'avez-vous, s'écrie-t-elle, vous ou moi, sommes-nous menacés d'un malheur?

— J'ai des choses bien désagréables à vous faire entendre.

— Je soupçonne, répondit-elle, ce qui a été découvert : j'ai un tort, mais je n'ai que celui-là. Ce tort est de n'avoir pas osé vous confier le secret de ma vie. »

Elle balbutiait, et ses lèvres desséchées lui permettaient à peine de continuer. Elle se remit cependant et reprit en ces termes. « Mes premières erreurs m'ont jettée dans un état que j'abhorre; vous le savez, les momens de bonheur dont je jouis sont empoisonnés, quand je songe qu'une vieillesse misérable doit remplacer une jeunesse criminelle. C'en est fait, il ne me reste aucun moyen de nourrir la passion du seul homme qui puisse un jour me faire jouir de quelque ombre de félicité. C'est lui qui me recueillit, c'est lui qui me retira de chez la Gourdan, et me sauva de la honteuse tutelle que la police de Paris accorde aux personnes de notre état; c'est un ami qui supplée à des besoins qui ne peuvent cesser qu'à l'aide d'une fortune faite : c'est lui enfin qui m'a procuré ces bienfaits reprochés aujourd'hui.

Hélas ! il n'est que trop vrai ; je suis tout à fait inexcusable. Il est sûr que non-seulement j'aiobéi à mon cœur, mais que j'ai presque été au devant de votre insensibilité. Un sentiment trop vif sans doute, enleva mon cœur à M. de Varmont. Je n'ai plus qu'un moyen d'acquitter ce que je lui dois c'est de ne plus vous voir. C'est mon dernier mot, et j'ose croire d'après les sentimens d'amitié que vous m'avez voués, que vous ne refuserez pas de vous y conformer ; autrement vous nuiriez à mon bonheur.

— Pour le coup, mon enfant, tu es folle, ou le diable m'emporte! Il serait parbleu plaisant qu'un fils de France ne pût, quand cela lui plaît, coucher avec la maîtresse d'un traitant.

— Cela est pourtant, il faut fuir ensemble ou nous séparer pour toujours.

— Ni l'un ni l'autre, ma belle, laisse-moi faire, et je me charge de ramener moi-même de Varmont à tes pieds. Seulement, comme il s'est fâché le premier, il est juste qu'il paie les frais de la guerre; et puis, il faut qu'il sache ce qu'il en coûte pour avoir un prince du sang pour ambassadeur; pourtant je serai modéré : le raccommodement ne lui coûtera que deux mille louis. »

Hortense ouvrait de grands yeux, et ne comprenait rien aux discours du prince; mais celui-ci, sans s'en inquiéter, retourna près du financier.

« Victoire ! s'écria-t-il, victoire ! Hortense, mon cher ami, est à vous, et n'a jamais cessé de vous appartenir corps et âme. Vos soupçons l'ont vivement affligée; mais elle s'est promptement justifiée. Ces visites qu'elle reçoit quelquefois, et qui ont jeté dans votre cœur une alarme si chaude, ne sont pas celles d'un amant, mais bien d'un créancier. La pauvre fille n'a pas jusqu'à présent osé vous avouer les dettes qu'elle contracta à Paris, lors de ses débuts à l'Opéra. Son principal créancier ayant appris qu'elle est ici dans une situation florissante, n'a pas hésité à se mettre en route; il l'obsède depuis quelque temps, et elle était bien forcée, n'ayant pas de quoi le payer, d'user de ménagement envers lui.

— Eh ! que ne m'a-t-elle dit tout cela?... Ah ! monseigneur, de quel poids vous soulagez mon cœur oppressé !... Hortense m'est fidèle !.... Vous me rendez la vie.... Mais ne savez-vous pas quelle est la somme dont elle a besoin?

— Cinquante mille francs environ. »

Malgré le violent amour que lui avait inspiré cette fille, le financier demeura stupéfait. « Cinquante mille livres ! » répéta-t-il plusieurs fois en changeant de couleur. Mais il n'y avait pas à balancer ; Charles, afin de le forcer à s'exécuter promptement, lui dit qu'il n'avait demandé à Hortense qu'une heure pour lui apporter lui-même cette somme. Varmont la lui remit, et se consola en pensant qu'il agissait en prince, et qu'on ne pouvait manquer d'inspirer un amour prodigieux à une femme que l'on traitait si généreusement.

Charles retourna effectivement près d'Hortense ; mais, chemin faisant, il se paya de son ambassade, et ne remit à sa maîtresse que la moitié de la somme qu'il avait obtenue du Crésus.

Cette somme était venue fort à propos à d'Artois, qui depuis quelques jours était sans argent, ce qui l'avait empêché de partir pour Vienne, où il avait le dessein de se rendre. Il partit donc, muni de l'argent qu'il venait d'extorquer, sans juger convenable de faire ses adieux à son ami et à sa maîtresse, fort surpris qu'un fils de France se comportât comme un escroc, et il arriva bientôt dans la capitale de l'Autriche, où il fut très-bien reçu par l'empereur, à qui Marie-Antoinette avait écrit en sa faveur. Il était même déterminé à se fixer dans cette ville, lorsqu'il reçut de Louis-Philippe-Joseph de Conti la lettre suivante :

« Monseigneur,

« J'apprends avec le plus grand plaisir que votre altesse royale vient de se soustraire à la brutale férocité de la canaille française, et qu'elle s'est retirée à la cour de Vienne, où elle jouit de tous les égards qui lui sont dus. J'aurais bien désiré, ainsi que M. de Condé, mon cousin, pouvoir vous indiquer le lieu de notre retraite, et celle d'une infinité de seigneurs qui nous ont accompagnés; mais les arrestations qu'on fait tous les jours de courriers chargés de paquets pour la France, m'ont empêché de vous donner plutôt de mes nouvelles. Nous sommes réfugiés à Turin, d'où nous entretenons une correspondance active avec plusieurs puissances, que nous sommes certains de déterminer à épouser notre querelle contre un peuple en démence. Je vous invite donc à vous réunir promptement à nous. Sa majesté sarde recevra votre altesse royale avec la distinction qu'elle mérite, et ne verra en elle qu'un gendre injustement persécuté. Nous vous attendons avec le plus vif empressement.

« Je suis avec respect, de votre altesse royale, monseigneur, le très-humble serviteur.

«Louis-Philippe-Joseph de Conti.

« *A Turin, le 22 décembre 1789.* »

Déjà il était sur le point de partir, lorsqu'étant allé faire ses adieux à un jeune seigneur avec lequel il s'était lié, il y rencontra une jeune et aimable Française. La conversation tomba assez naturellement sur Turin ; mademoiselle Adélaïde Daixanville, c'était le nom de cette jeune Française, dit qu'elle habitait dans cette ville, et elle en fit le portrait le plus flatteur ; elle s'énonçait avec grâce et esprit ; sa figure était charmante : elle ne pouvait donc manquer de plaire. « Eh ! pourquoi avez-vous quitté un si charmant séjour ? lui demanda le prince. — J'ai dû venir à Vienne, pour me faire rembourser une dette assez considérable ; j'ai terminé cette affaire, c'est-à-dire, que je l'ai abandonnée. Je voudrais retourner à Turin, mais j'ai tant de répugnance à prendre la voiture publique, que je suis résolue d'attendre une parente qui est arrivée de Spa, et dans quinze jours part pour Turin : je profiterai de sa voiture pour faire ce voyage.

Le comte d'Artois lui offrit une place dans la sienne. Cette proposition fut écoutée avec surprise, et d'abord rejetée comme incompatible avec la décence, le respect des convenances, puis discutée, approfondie, enfin à moitié acceptée, pourvu que la femme de chambre fût du voyage, et le jour du départ fixé au surlendemain. Charles, pendant cet intervalle, s'informa de la belle Adélaïde; il n'en apprit que des choses indifférentes ou agréables, de sorte qu'il se sut bon gré de la conquête qu'il avait faite; car son esprit et sa figure lui plaisaient infiniment. Il avait appris qu'elle n'était pas riche; ce qui lui avait fait considérer cette conquête comme assurée.

Nous ne ferons pas la description du voyage, qui se fit en poste et sans accident ni malencontre; il nous suffira de dire que Charles s'enflamma de plus en plus pour les charmes de sa belle compagne, charmes dont le nombre s'accroissait chaque jour à ses yeux; et ce n'était pas sans raison. Adélaïde Daixanville était une jeune Provençale âgée de dix-neuf à vingt ans; elle avait l'esprit vif, la répartie ingénue et toujours à propos, le jugement sain, qu'une éducation soignée avait cultivé durant les douze premières années de sa vie; elle avait fait ses essais chez la Hecquet; mais, trouvant ce théâtre trop rétréci pour le rôle qu'elle voulait jouer, elle s'était résolue de voyager par le monde. La perte de ses parens, à cette époque, et d'autres revers de fortune l'avaient précipitée dans le libertinage; sa taille était superbe, elle avait les yeux bruns et tendres, la peau très-blanche et les cheveux d'un beau noir; ses gestes étaient pleins de grâces, et le son de sa voix, extrêmement agréable, donnait à ses discours un charme inexprimable. Franche hypocrite, elle avait su conserver, dans toutes ses manières, un air de décence qui ne l'abandonnait pas, même dans les momens d'abandon les plus mystérieux.

Pendant le voyage, mademoiselle Adélaïde n'avait pas tardé à former son plan pour l'agrandissement de sa fortune et de ses plaisirs.

Elle avait fait à d'Artois le roman de sa vie, de ses malheurs, et de l'état de sa fortune, qui serait sous peu, disait-elle, brillante et solidement établie.

Elle avait vendu tout son mobilier pour aller à Vienne poursuivre une créance considérable; mais, étrangère à la chicane, il avait été facile de la faire échouer. Elle revenait donc à Turin, auprès d'une vieille cousine qui voulait bien la recevoir et lui donner asile, en attendant qu'une succession qui lui était échue à la Martinique, fût réglée, ce qui tarderait encore près d'un an; et cette parente était dévote, maussade, cacochime et misantrope; sa maison était une vraie prison! On voudrait bien n'en point passer par-là; mais que faire? la nécessité, la dure nécessité n'a pas de loi.

Ces fausses confidences avaient un but que l'on devine facilement : c'était d'engager Charles à offrir à sa charmante compagne sa bourse et sa protection pour l'empêcher de s'enterrer toute vive chez sa parente. Ces offres furent faites ; et, après quelques combats, quelques *si*, quelques *mais*, elles furent acceptées avec une répugnance feinte, et les arrangemens aussitôt pris en conséquence. Il fut convenu que d'Artois louerait pour la jeune personne un appartement décent dans une maison tierce, où elle resterait jusqu'à ce qu'elle fût parvenue à recouvrer la succession du cousin d'Amérique. Chacun des deux devait rester parfaitement libre ;

et l'on ne devait se voir que d'un accord commun et à des heures réglées. Ce contrat fait fut scellé de quelques baisers que mademoiselle Daixanville laissa prendre sur sa bouche vermeille.

Dès que les voyageurs furent arrivés à Turin, ils s'empressèrent de réaliser leurs projets. Adélaïde avait si bien joué son rôle, que son amant croyait avoir vaincu la pudeur, la chasteté, la virginité même. Quelques mois se passèrent au sein de la paix, de l'amour et de la volupté; le plus léger nuage n'avait pas encore obscurci des jours si beaux. On se lassa enfin de cette uniformité. Une française, une provençale, une fille galante enfin, vivre deux grands mois fidelle à son amant, c'était un prodige! Ce prodige ne pouvait être éternel. Une telle uniformité de vie ennuya la belle Adélaïde : elle voulut se répandre davantage. La parure l'occupa plus : elle fit des connaissances qu'elle recevait chez elle; cependant d'Artois était, ou du moins paraissait toujours être l'amant préféré et chéri ; mais il fut obligé de quitter sa belle pour aller à Milan terminer quelques affaires qui demandaient sa présence. Les pleurs, les soupirs, les regrets, les reproches mêmes ne furent pas épargnés par Adélaïde, pour exprimer combien elle allait souffrir de cette absence. Les assurances que d'Artois donna d'écrire souvent et de revenir le plus tôt possible, calmèrent un peu le désespoir de la belle, et firent espérer à son amant de la retrouver encore en vie. Il partit donc; et pour ne pas succomber à la tristesse, pour se maintenir toujours digne de son cher prince, car rien ne fane et ne détruit la beauté comme le chagrin, elle fit l'effort de fréquenter les spectacles, les promenades publiques, et de se former une cour nombreuse composée d'adorateurs de tout âge et de tout état.

Charles avait laissé à Turin B......,

ce valet de chambre qui lui était si dévoué. A une fidélité à toute épreuve, il joignait beaucoup de bon sens. Il avait placé ses épargnes de manière à s'assurer une fortune honnête. Julie, la femme de chambre d'Adélaïde, avait connaissance de ces faits; elle crut que ce serait une très-bonne affaire que la conquête de ce personnage. Elle lui tendit donc au plus tôt ses filets. B..... s'aperçut de la bonne volonté de la soubrette; c'était une jeune fille assez gentille, et moitié par amour pour elle, moitié par attachement pour son maître, il feignit de répondre aux avances de la belle.

Depuis quelque temps il observait mademoiselle Daixanville, et avait mille raisons de croire qu'elle était infidelle au prince, dont elle ferait un jour sa dupe. Il résolut de traverser ses projets, de la démasquer et de rompre le charme qui enchaînait son maître au char de cette sirène.

Il tâcha de gagner la confiance de Julie ; il lui dit beaucoup de mal de son maître, afin que par un juste retour elle médît aussi de sa maîtresse. La ruse lui réussit au-delà de ses espérances : Julie lui conta tout ce qu'elle savait et ne savait pas sur Adélaïde; elle lui détailla les noms, les qualités, l'âge, le caractère et l'histoire de tous ses amans passés et présens ; et comme B....., en politique habile, refusait de croire, Julie offrit de le rendre témoin oculaire et auriculaire de ce dont il doutait. B..... accepta l'offre ; il vit de ses yeux, entendit de ses oreilles, ce qu'il fallait pour être bien convaincu qu'on dupait son cher maître. Satisfait de sa découverte, il ne pensa plus qu'aux moyens d'exécuter son projet. Certes que le plus sûr était d'empêcher le prince d'arriver à l'improviste chez Adélaïde. Il prétexta donc quelques commissions pour s'absenter, et se rendit à Milan.

Son maître, en le voyant, lui demanda des nouvelles de sa chère Adélaïde.

« Elle est, monseigneur, toujours belle et charmante; le chagrin de votre absence l'aurait bien changée, si son amour pour vous ne l'avait forcée à se dissiper un peu et à faire l'impossible pour bannir ce vilain chagrin qui flétrit, fane et enlaidit.

— Cesse de bavarder ; dis-moi comment se porte Adélaïde? M'attend-elle avec impatience? avoue-le moi. N'est-ce pas elle qui t'envoie pour hâter mon retour ?

— Monseigneur, c'est pour hâter votre retour près d'elle, que je viens ici ; mais ce n'est pas elle qui m'envoie : au contraire, pour parler franchement, je vous assure que plus votre absence se prolongera, et plus vous lui ferez plaisir.

— Cela n'est pas possible ! B....., ton zèle pour moi t'aveugle ; va, ne crains rien. Cette charmante personne m'aime, sa vertu m'est connue, sa constance est inébranlable.

— Son amour, sa vertu et sa

constance, monseigneur, sont des chimères......

— Te tairas-tu, B......? As-tu donc perdu l'esprit ? Sache que, lorsque tu insultes cette femme que je chéris, c'est comme si tu m'insultais moi-même.

— Pardon, monseigneur; mais il est impossible que je taise les tromperies que l'on fait à votre altesse royale; je ne parle pas sans preuve. Je vous laisse le maître de ma fortune, donnez-la toute entière aux pauvres ; battez-moi, chassez-moi de votre présence à toujours; tuez-moi enfin ; si, dans les vingt-quatre heures de notre arrivée à Turin, je ne prouve que mademoiselle Adélaïde Daixanville n'a jamais été qu'une trompeuse, et que ce n'est qu'à force de dissimulation, d'hypocrisie et de mensonges qu'elle a su se faire passer près de votre altesse royale pour une amante sincère.

— Eh ! d'où as-tu tiré toutes ces belles choses ?

— Julie m'a conté la vie de sa maîtresse, elle a fait plus, elle m'a introduit dans son cabinet de toilette, de là j'ai pu voir et entendre les preuves non équivoques de son ingratitude et de son infidélité. »

B..... apprit ensuite au prince qu'après la mort de sa mère, dès l'âge de quatorze ans, Adélaïde était venue à Paris avec son père, qu'elle avait perdu deux ans après ; qu'alors une entremetteuse s'en était emparée, sous prétexte de la placer en apprentissage ; puis que, l'ayant pervertie, elle trafiqua de ses charmes, et la plaça chez la Hecquet, tenant sérail public à Paris ; qu'elle y resta deux ans, en sortit pour être entretenue par un seigneur hollandais qui la conduisit à La Haye, ensuite à Vienne où elle avait rompu avec le Hollandais, et avait appartenu successivement à plusieurs seigneurs.

« Depuis l'absence de votre altesse royale, dit enfin B....., elle court les spectacles et les promenades. Le nombre de ses amans égale celui de ses charmes; il en est quelques-uns de plus favorisés que les autres ; on compte, un militaire, un abbé et un financier, sans compter M. Burier, son coiffeur, qui est le mieux partagé, car les autres paient, et que lui, au contraire est payé.

— Ah dieu ! cela est-il possible !

s'écria Charles, se levant tout-à-coup avec un mouvement de fureur? Partons, B.....; que j'aille corriger cette infâme coquine et ses vils complices.

— Y pensez-vous, monseigneur? Compromettre votre altesse royale pour une fille ! Non, non, suivez mes conseils, et vous serez vengé au-delà de vos désirs, sans que qui que ce soit ait à vous rien imputer; terminez ici vos affaires, et laissez-moi agir.

— Elles peuvent l'être aujourd'hui.

— Eh bien ! nous partirons demain ; vous serez vengé, ou j'y perdrai mon nom. »

Le lendemain ils partirent, et arrivèrent bientôt à Turin. B...... alla aussitôt trouver sa confidente Julie, et prit avec elle les arrangemens convenables pour prouver à son maître l'infidélité et la fausseté de sa belle. Il fut convenu que le prince se trouverait à l'hôtel le lendemain à huit heures du matin, et que Julie l'introduirait chez sa maîtresse qu'il surprendrait en flagrant délit. Quant au mode de vengeance, B...... s'en réserva l'invention et la direction.

Il alla faire tous les préparatifs

nécessaires au projet qu'il avait en tête, et courut rejoindre d'Artois qui passa une nuit que la jalousie, le désir de la vengeance, et le dépit lui rendirent bien pénible. Le lendemain matin, dès huit heures il était à l'hôtel.

Julie l'introduit dans la chambre à coucher de sa maîtresse; il tire le rideau et voit le plus laid malotru qui se puisse imaginer, couché avec la belle Adélaïde, et enlacé dans ses bras.

Transporté de fureur, il tire son épée; mais son prudent serviteur veillait sur ses mouvemens; et, pour terminer enfin cette scène, il saisit la couverture, l'arrache avec violence, et met au jour un spectacle digne des plus délicats crayons.

Les amans se réveillent en sursaut. Adélaïde, ne sachant d'abord si elle rêve ou si elle veille, se frotte les yeux, les porte tour à tour sur le prince et sur B.....; sa confusion est extrême; enfin elle revient à elle, l'effronterie alors succédant à la honte, elle s'écrie qu'il est bien étonnant qu'elle ne soit pas maîtresse chez elle.

Son bel ami, sans s'amuser à des criailleries, cherche des yeux ses vêtemens; ne les voyant pas, il saute du lit pour les trouver. Au même instant, deux gaillards aux bras vigoureux et souples, entrent armés de fouets qu'ils font claquer sur tous les membres du bel Adonis, qui crie, saute, court, se tapit derrière les meubles; là encore les cruels coups de fouet le font déguerpir; il se réfugie enfin dans le lit fatal comme dans un asile sacré; mais les implacables fouetteurs l'y atteignent et redoublent leurs coups qui tombent aussi sur la complice. Mais B..... craint qu'un plus long tapage n'amène du monde, il jette au flagellé ses habits. Celui-ci les saisit, s'élance hors de l'appartement et gagne la rue ; là il tombe excédé de douleur, de fatigue, et couvert de sang et de sueur. L'officieux B..... arrive, le relève, le console ; et, par ses soins apprend à la foule de badauds les circonstances de ce désastre.

Cependant d'Artois était resté auprès d'Adélaïde; il lui reprochait son ingratitude et son hypocrisie, et la belle employait tous les prestiges possibles pour l'apaiser. Pendant ce temps, Charles, vivement agité, marchait à grands pas dans la chambre ; il brûlait du désir de se venger, et plusieurs fois il mit la main sur la garde de son épée ; mais le souvenir du mauvais succès de la vengeance qu'il avait autrefois voulu tirer de Flore, le retint, et il se contenta de déclarer à Adélaïde que si, dans une heure, elle n'avait évacué l'appartement, il la ferait enlever comme une fille sans aveu. B.... entrait en ce moment. « Soyez tranquille, monseigneur, lui dit-il tout rayonnant de joie et fier de son triomphe. Je me charge, moi, de mettre cette belle à la porte. »

Cependant Adélaïde, qui était revenue de la frayeur qu'elle avait éprouvée, songeait à se tirer de ce mauvais pas. Les expédiens ne manquent guère aux femmes de cette espèce; celle-ci se met à crier de toutes ses forces, criant qu'on veut l'assassiner, et appelant du secours. En un instant tout est en rumeur dans l'hôtel; les domestiques accourent, armés de couteaux et de broches; et d'Artois se trouve fort heureux de connaître les êtres, afin de d'échapper à l'orage qui menaçait de fondre sur lui.

Quelques semaines s'écoulèrent; Charles semblait avoir perdu le goût des aventures galantes; mais ce goût ne tarda pas à se réveiller.

Un jour, qu'il rentrait chez lui par une rue détournée, il fut abordé par une femme couverte d'une mante : « Seigneur cavalier, lui dit-elle, une dame voudrait avoir une conversation avec vous ; trouvez-vous demain à onze heures dans la grande église. » Charles accepta le rendez-vous. Le lendemain après avoir apporté beaucoup d'attention à sa parure, il se rendit au lieu indiqué. Il n'y vit que des femmes couvertes de mantes noires, parmi lesquelles il en aperçut une qui se distinguait au milieu de deux autres par la majesté de sa taille. Elles se mirent toutes trois à genoux auprès de lui ; elles s'armèrent d'un grand rosaire, firent plusieurs inclinations dévotes, et le prince entendit une voix qui lui dit: « Trouvez-vous ce soir à l'heure de l'oraison dans la rue où l'on vous a rencontré, et suivez la personne qui vous abordera en vous présentant un bouquet; adieu: sortez de l'église sans témoigner la moindre curiosité. »

Le son de cette voix lui parut flatteur. Il se rendit au lieu marqué deux heures plutôt qu'on ne l'avait ordonné, et il vis paraître celle qui devait lui présenter le bouquet; elle lui dit de la suivre, il obéit; il était nuit : ils marchèrent quelque temps pour trouver une calèche, dans laquelle ils montèrent.

« Votre jeunesse et votre figure, lui

dit son guide, ont fait une vive impression sur le cœur de Dona Antonia ma maîtresse ; l'amour lui a fait oublier tous les dangers d'une entrevue. Je suis sa nourrice : c'est vous dire combien je l'aime. Vous allez juger dans quelques momens de la beauté de ma maîtresse : elle est dans une maison qui m'appartient ; rendez-vous digne de posséder le cœur de la plus belle femme de l'Italie. »

Malgré l'agitation que la nouveauté d'une pareille situation peut causer, Charles sentit toute la bisarrerie de cette conversation, et il réfléchissait sur la différence des mœurs, quand la voiture s'arrêta dans une petite cour. D'Artois suivit la duègne, et traversa deux ou trois pièces meublées simplement, et médiocrement éclairées. Elles le conduisirent dans une chambre dont la magnificence et le luxe de bon goût le frappèrent bien moins que l'aspect d'une femme couchée sur une estrade, et appuyée sur des carreaux de riches étoffes.

Approchez, prince, lui dit-elle. Charles obéit à un ordre si doux ; jamais plus charmante personne ne s'était offerte à ses regards ; les grâces réunies en elle étaient ancore relevées par toutes les recherches de la parure. Il tomba à ses genoux.

Que puis-je faire, lui dit-il, madame, pour reconnaître les bontés dont vous m'honorez ?

— Clara vous a sans doute fait part de mes sentimens, elle m'a évité l'embarras d'un aveu qui ne peut être excusé que par la force de la passion. La façon dont vous vous conduirez avec moi, confirmera ou détruira mes sentimens; je vous aime, mais le sacrifice que je vous fais m'en deviendra encore plus cher, si vous vous en rendez digne.

Il voulut prendre une de ses belles mains et la baiser; mais à peine l'eut-il saisie, qu'elle s'écria :

Donnez-moi promptement de l'eau bénite, ma chère Clara ; en effet, elle lui apporta un bénitier, dans lequel elle trempa un linge dont elle essuya l'endroit que le prince avait touché, avec un si grand soin et une attention si marquée, que Charles ne put s'empêcher de sourire ; mais ne voulant point choquer ses préjugés, il chercha à vaincre ses scrupules.

Que la voix d'un homme qu'on aime persuade aisément, dit-elle, elle triomphe de toutes les résolutions ; vous me charmez. Je vous aime apparemment plus que vous ne m'aimez, et c'est un avantage que je saurai conserver sur vous. Il baisa alors une de ses mains, elle n'eut plus recours à l'eau bénite; enfin il la pria de lui apprendre à qui il avait le bonheur de parler.

Vous le saurez un jour, lui dit elle, ne cherchez point à pénétrer un mystère dont la découverte ne vous est d'aucune utilité; méritez par un amour et une discrétion sans bornes le bonheur que je vous prépare.

Alors, la fidelle Clara servit un léger repas. D'Artois était enchanté de toutes les grâces qu'il découvrait dans la belle italienne; tout respirait en elle la volupté, et annonçait un bonheur qu'il obtint quelques momens après, et qui surpassa ses désirs.

Vous ne m'aimerez pas long-temps, dit Antonia, ma conquête vous a trop peu coûté, vous ignorez tous les combats que j'ai soutenus : je vous aime depuis le jour de votre arrivée ; vous passâtes sur la grande place, je vous vis de ma fenêtre. Que n'ai-je point fait pour bannir l'impression que votre douce vue a faite sur mon cœur ! Je vous fuyais mal apparemment, car je vous rencontrais toujours.

Ils passèrent la nuit et toute la journée suivante au milieu des plaisirs et des tendres inquiétudes que la passion donne aux amans. Quand il fallut se séparer, Antonia leva les carreaux sur lesquels elle était assise, et prit une épée d'or, garnie de quelques diamans d'un assez grand prix, qu'elle le força d'accepter. Charles la reçut en baisant mille fois la main qui la lui donnait, et il monta seul dans la calèche, qui le conduisit à l'endroit où il l'avait trouvée la veille.

Le lendemain à son réveil, il reçut une lettre d'Antonia, elle était tendre et passionnée. Antonia le priait de se promener le soir à cheval sur la grande place.

Je vous verrai sans être vue, ajoutait-elle, et je jouirai avec plaisir de l'inquiétude où vous serez de ne me point appercevoir; Clara vous dira demain, à la grande Eglise, quand, et de quelle façon nous pourrons nous revoir. Charles exécuta ces ordres. Après avoir regardé inutilement à toutes les jalousies, il revint chez lui s'occuper de son aventure. Le jour suivant, il trouva Clara dans l'Église que l'on lui avait indiquée ; elle lui dit, en feignant de prier Dieu.

Rendez-vous à cheval, au jour tombant, et sans suite, derrière les murs du couvent de Saint-François ; le valet que vous avez vu hier s'y trouvera monté sur une mule : vous n'aurez qu'à le suivre.

Il fut exact au rendez-vous : il y trouva le valet, qui observa toujours le plus profond silence, et ils arrivèrent dans la basse-cour d'un château élégant. Charles mit pied à terre, le valet prit son cheval, et lui fit signe de monter par un petit escalier formé dans une tour. Il trouva Clara qui l'attendait.

Venez, lui dit-elle, le plus heureux de tous les hommes.

Elle le conduisit bientôt dans un cabinet, d'où il passa dans un appartement superbe ; la belle Antonia l'attendait.

Vous triomphez de toutes mes craintes, lui dit-elle, je goûte le plaisir de vous posséder chez moi, malgré tous les périls que je puis courir ; j'espère que le plaisir que j'ai de vous voir ne sera point interrompu ; mais, en cas d'accident, vous pourrez vous retirer : un domestique sûr tient votre cheval au bas de l'escalier. Charles, dont on connaît la chétive éloquence, parvint cependant à répondre convenablement ; déjà depuis quelques instans les amans étaient dans ces transports de l'âme que l'amour seul fait connaître, quand tout à coup un grand bruit se fit entendre dans la chambre qui précédait celle où ils s'étaient retirés.

Fuyez, dit Antonia avec transport,

je suis trahie; je périrai, mais je ne m'en plaindrai pas, si je puis vous croire en sûreté.

Dans l'instant même, on enfonça la porte, et Charles tremblant, se croyant à sa dernière heure, vit entrer un homme transporté de fureur et suivi de deux valets armés; il tenait son épée d'une main et de l'autre un poignard. Il se jeta sur Antonia et la frappa de deux coups qui l'étendirent à ses pieds; puis s'élançant vers Charles, dont les genoux fléchissaient, et qui étaient près de s'évanouir. « A toi, traître, s'écria-t-il, défends ta vie. »

L'imminence du danger rendit

quelque force au prince, qui, le visage décomposé et la voix altérée, s'écria : « Lâche ! prends garde à ce que tu vas faire ; je suis le frère du roi de France.....

« J'aurais dû le deviner, répliqua le mari offensé ; ta turpitude est maintenant passée en proverbe !... Je ne suis plus digne de vivre, puisque j'ai été déshonoré par un si vil séducteur... »

A ces mots, il jeta loin de lui son épée, saisit un pistolet, et se fit sauter la cervelle.

Cette aventure causa à d'Artois une

si forte impression qu'il renonça pour toujours à la galanterie; il ne fit toutefois que changer de vice; il était libertin, il devint dévot.

FIN DU PREMIER VOLUME.

TABLE DES CHAPITRES.

Introduction.   Page xvij

Chapitre Ier. Coup d'œil sur la Cour. — Mariage du Dauphin (depuis Louis XVI). — Puissance de la comtesse Dubarry. — Ministres, Princes, Princesses. — Premières Amours de Marie-Antoinette. — Singuliers conseils d'une mère. 29

Chap. II. Le Beau Dilon. — Le Bal et les Palpitations. — Premières Amours du Comte d'Artois (Charles X). — L'éducation d'un Prince du sang. — Le Souper interrompu. — Bravache du Comte d'Artois. — Le Commissaire et le Petit-Fils d'Henri IV. — Mariage du Comte d'Artois. — Naisdu Duc d'Angoulême. — Nouvelles débauches. 39

Chap. III. Aventure nocturne. — Charles, Marie-Antoinette et le Factionnaire. — Premières armes du Comte d'Artois, il se sauve à Gibraltar. — Bal de l'Opéra. — La Duchesse de Bourbon. — Duel. — Madame de Maurepas. — Grossesse de la Reine. — Naissance du Dauphin. 74

Chap. IV. Goûts dépravés de Marie-Antoinette. — Mesdames de Mailly, Polastron, de Lamballe, Polignac, Bertin, de Lamotte. — Les Soirées de la Terrasse. — Jeux innocens. — Accouchement de madame de Polignac. — Camarilla. 98

Chap. V. Lettre du Cardinal de Rohan

à l'Impératrice.—Le Beau Fersenne. — Bonne fortune de la Reine. — Incognito. — Le Prince de Montbarry. — Les Courses de Chevaux. — Dilapidation des Finances. — Complot contre la Vie du Roi. — Prise de la Bastille. — Fuite du Comte d'Artois. 126

Chap. VI. Le Comte d'Artois à Bruxelles. — Hortense et le Financier. Histoire d'une Jolie Fille.—Lettre du Prince de Conti. — Le Comte d'Artois le rejoint à Turin. — Mauvais pas. — Bonnes fortunes.—Aventure tragique. — D'Artois renonce à la Galanterie et se fait Dévôt. 154

FIN DE LA TABLE DU PREMIER VOLUME.